江户町相关事件年表

西历	和历	天皇	将军	大事纪
1590	天正 18			德川家康进入江户城
1591	天正 19			挖掘小名木川
1590	天正 20			修筑江户城，兴建西丸
1598	庆长 3			秀吉去世
1600	庆长 5			关原之战
1601	庆长 6			在东海道设立传马制（驿马）
1603	庆长 8	后阳成	家康	家康成为征夷大将军，在江户建立幕府
				出云的阿国在京都表演歌舞伎
				建造日本桥
1604	庆长 9			在五大街道设置一里塚
				发表江户的大构筑计划
1605	庆长 10			江户城开始天下普请
				家康将将军一职传给秀忠，自己为大御所
1606	庆长 11			江户城本丸御殿完成
1607	庆长 12	—1611—		江户城大天守阁完成
1612	庆长 17			幕府禁止基督教
1614	庆长 19			发生大阪冬之阵
1615	元和元		秀忠	大阪夏之阵。丰臣家族亡
				幕府制定武家诸法
1616	元和 2			家康去世
1617	元和 3	后水尾		在吉原建立游廓
1619	元和 5			开发菱垣回船
1620	元和 6			凿开神田山
				在浅草建造幕府的米仓
1622	元和 8			在江户城重建大天守
1623	元和 9			家光成为第三代将军
1624	宽永元			中村勘三郎在中桥开设歌舞伎的表演小屋
				创建宽永寺
			—1629—	将谱代大名的妻子、儿女安排在江户
1634	宽永 11			整顿大名消防员的制度
1635	宽永 12		家光	整顿参勤交代制度
				开始江户城的总构建造
1637	宽永 14			岛原之乱
				开始江户城本丸再建工程
				制定五人组制度
1638	宽永 15	明正		江户城大天守阁完成
1639	宽永 16			发布锁国令
1640	宽永 17			江户城完成
1642	宽永 19			在木挽町开设山村座
1650	庆安 3	—1643—		江户大地震
1651	庆安 4	后光明		家光去世
				由井正雪之乱
1654	承应 3			玉川上水完成
1657	明历 3			江户明历大火（振袖火事）
1659	万治 2	后西	家纲	重建江户城
				建造两国桥
1670	宽文 10		—1663—	远近道印制作《江户大绘图》公开发行
1673	延宝元	灵元	—1680—	初代市川困十郎开始"荒事"硬派剧
1683	天和 3			三井高利在江户开设兑换店
1683	贞享元			涉川春海制作贞享历
1687	贞享 4			发布《生类怜悯令》
1689	元禄 2			在本所设置天文台
1690	元禄 3		纲吉	完成汤岛圣堂

西历	和历	天皇	将军	大事纪
1698	元禄 11	东山		建造永代桥
				开设内藤新宿
1702	元禄 15			赤穗浪士的复仇
1709	宝永 6			纲吉去世
			家宣	废止《生类怜悯令》
			—1712—	山村座毁于绘岛、生岛事件
1714	正德 4		家继	吉宗成为将军
1716	享保元			大冈忠相成为江户町奉行
1717	享保 2	中御门		设置大名消防队
1720	享保 5			设置町消防队"伊吕波四十八组"
1721	享保 6		吉宗	实施目安箱的制度
				设置小石川药园
1726	享保 11			进行全国户口调查
1732	享保 17	—1735— 樱町	—1745—	享保大饥荒
1751	宝历元	—1747— 桃园	家重 —1760—	吉宗去世
				租书店繁荣
1764	明和元	—1762— 后樱町	家治	铃木春信制作彩色浮世绘版画"锦绘"
1765	明和 2	—1770—		目黑行人坂火灾
1772	明和 9			杉田玄白、前野良泽等出版《解体新书》
1774	安永 3	后桃园		平贺源内成功复原静电产生装置
1776	安永 5	—1779—		建造高田富士
1781	安永 10			歌磨的活跃
1783	天明 3		—1786—	天明大饥荒
1787	天明 7			江户各处频传打劫事件
1789	宽政元	光格	家齐	谷风、小野川获得横纲证书
1790	宽政 2			在石川岛开设收容所
1791	宽政 3			宽政的还人政策
1793	宽政 5			禁止男女混浴
1797	宽政 9			中村座设置旋转舞台
1815	文化 12	—1817—		昌平坂学问所（圣堂）作为官校
1821	文政 4	仁孝		江户有 75 家杂技场
				伊能忠敬完成《大日本沿海舆地全图》
				两头骆驼在两国展览
1832	天保 3			天保大饥荒
1842	天保 13		—1837— 家庆	鼠小僧次郎吉遭到逮捕
				第七代团十郎被放逐到江户十里四方
1853	嘉永 6	—1846—		佩里将领率领黑船来航
1854	嘉永 7		家定	日美缔结和亲条约
1855	安政 2			安政大地震
1858	安政 5			签订《日美通商条约》
				安政大狱
	孝明			霍乱、天花流行
				横滨开埠
1860	万延元		家茂	在神田玉池开设天花预防接种站
1861	文久元			幕府下令缓和参勤交代制
1862	文久 2			在两国展示大象
1863	文久 3			第一次征伐长州
1864	元治元			第二次征伐长州
1865	庆应元			庆喜成为将军
1866	庆应 2		庆喜	大江户捣毁运动
1867	庆应 3			大政奉还
1868	明治元	明治		发表《五条御誓文》
				江户城开城
				讨伐上野彰义队
				将江户改为东京

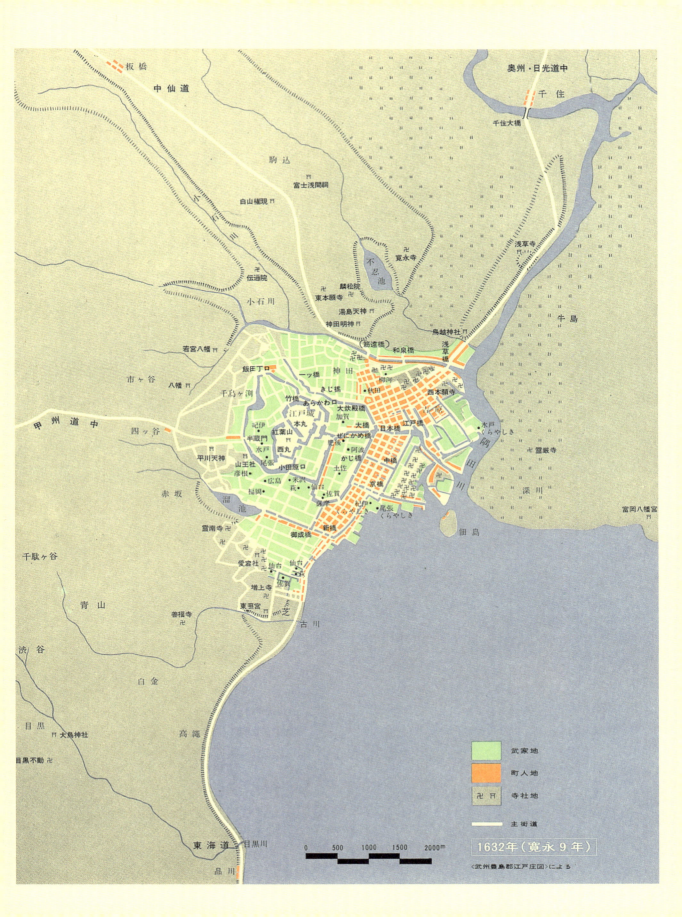

1632年（寛永9年）

文景
——————
Horizon

江户町

（下）

大型都市的发展

［日］内藤昌　著

［日］穗积和夫　绘

王蕴洁　译

Kazuo Hozumi '82

目 录

火灾和争吵是江户的特色

明历大火持续烧了两天两夜，将江户城和江户市街烧得精光，是日本史上空前的大都市灾害。侥幸逃过一劫的人失去了家园，只能披着粗草席忍受寒冷的风雪。

武藏野上　　没有可住人的房子
自草席而出　消失在草席中

这首狂歌正是在这样的时空背景下，因人们难以忍受苦痛而被创作出来的。在上册（第9页）介绍过，江户建设之前有一首古诗形容武藏野：

> 武藏野上　没有月亮的藏身之处
> 自草原而升　消失在草原上

原野一片焦痕、散发尸臭的凄惨景象，对习惯平静生活的江户市民来说，真的是让人欲哭无泪。幕府对源自安土桃山时代的都市规划技术十分放心，做梦也没想到，掌控天下的江户城和江户市街竟然如此不堪一击，转眼之间便化为一片焦土。

然而惊骇是无用的。大火的翌日（1657年正月二十日），幕府的老中[1]松平伊豆守以信纲之名，在关东一带发布文书，安定民心。同时，派信使前往京都、大阪、堺、奈良、长崎、日光、骏府、伊势山田、丰后府内等全国主要都市，传达将军平安无恙的消息。

江户市中开始供应粥食给失去家园的灾民。据说，发放的米粮总计六千石（约900吨）。浅草的幕府米仓也受到大火波及，许多米粮陷入火海，但残存的宝贵粮食拯救灾民免于饥饿。

幕府免除《武家诸法度》规定的参勤交代制度。同时，提供资金援助大名、旗本[2]和御家人[3]，对市街的居民也提供约十六万两的救助。

幕府多方面的救济工作颇有成效。二月，江户市中已可听到重建的铁锤声。将军麾下的江户市民奋勇不懈，成为江户复兴的原动力。

后来江户也曾遭遇大型都市会面临的诸多灾害，但市民认为"火灾和争吵是江户的特色"，每次都能勇敢投入重建工作，抓住进一步发展的契机，同时还创造出歌舞伎和浮世绘等傲世的文化。在江户这座超高密度城市诞生的文化十分特异，广受世界瞩目。本书将介绍个中缘由。

1　江户幕府职制具最高地位与资格的执政官。——译注（下文若无标注，则均为译注）
2　将军直属家臣中的武士等级，俸禄不及一万石。
3　直属幕府的下级武士。

大型都市的实地测量

根据可无限发展的"の"字形都市规划，在明历大火前的 1644 年（正保元年），江户已成为面积 44 平方千米的大型都市。当时与江户并列"三都"的京都和大阪，规模都不及江户的一半。日本都市平均面积约 2 平方千米，放眼全日本，江户可说是异常发达的城市。江户已非最初所定位的安土桃山时代的城下町，而发展成一座大型都市，面临许多新的问题。

就在此时，明历大火让幕府必须立刻面对此类城市灾害。大火之后的正月二十七日，幕府旋即对江户进行实地测量。北条安房守氏长被任命为实地测量工作的负责人，他是幕府的大目付（职责为代替将军监督大名，类似现在的警视厅厅长），也是兵学（研究战争方法的学问）大家。同时，幕府还召集了氏长的养子福岛传兵卫、擅长规矩术的金泽清右卫门、大木匠师铃木修理，以及熟悉江户地理的大道寺友山等人才。规矩术应用今天几何学的技术，是设计都市和建筑的图纸时不可或缺的一门学问。

以前，日本的地图是根据视觉所见绘制的，因此近大远小，无法表示绝对尺寸。这种地图无法显示江户的实际情况，因此人们需要学习正确的西洋测量术。西洋测量术是"三角测量"的技术，江户初期由荷兰人贾斯帕尔（Gaspar）传入日本。长崎的樋口权右卫门通过七年的学习掌握了这门技术，并称之为"町见术"。金泽清右卫门的父亲刑部左卫门也学习这门学问，受教于父亲的清右卫门本来就有规矩术的学养，很快就能着手制作江户实地测量地图。

制作地图时，一分（约 0.3 厘米）相当于当时都市规划基本尺寸的京间五间，即以 3250：1 的比例进行详细测量，不仅限于市内，还包括江户可能拓展到的深川、本所、浅草、下谷、本乡、小石川、小日向、牛込、四谷、赤坂、麻布和芝等周边地区。

江户实际测量图终于完成，因涉及幕府机密，并没有被公之于世。后在民众的强烈要求下，幕府决定公布，但将江户城内郭留白，以远近道印制作的《江户大绘图》为名，在 1670 年（宽文十年）由江户的经师屋加兵卫发行；之后又追加《江户外绘图》。至 1673 年（延宝元年），一组五张的地图已十分普及。从此之后，这份地图被视为最正确的江户地图，一直使用到明治时代。

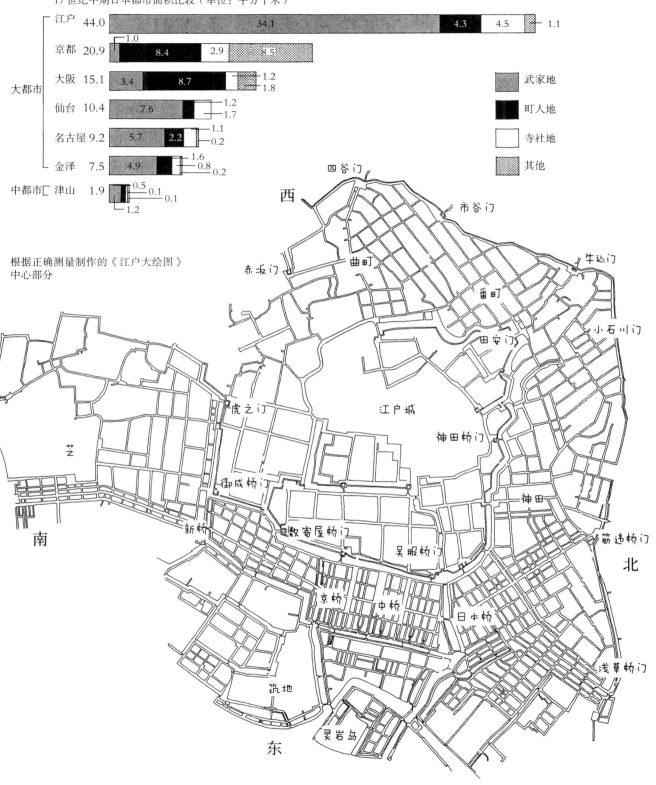

17 世纪中期日本都市面积比较（单位：平方千米）

大都市		武家地	町人地	寺社地	其他
	江户 44.0	34.1	4.3	4.5	1.1
	京都 20.9	1.0 / 8.4	2.9	8.5	
	大阪 15.1	3.4	8.7	1.2 / 1.8	
	仙台 10.4	7.6		1.2 / 1.7	
	名古屋 9.2	5.7	2.2	1.1 / 0.2	
	金泽 7.5	4.9		1.6 / 0.8 / 0.2	
中都市	津山 1.9	0.5 / 0.1 / 0.1 / 1.2			

武家地
町人地
寺社地
其他

根据正确测量制作的《江户大绘图》
中心部分

西

四谷门
市谷门
牛込门
赤坂门
曲町
小石川门
番町
田安门
江户城
虎之门
神田桥门
御成桥门
神田
南
新桥
数寄屋桥门
吴服桥门
筋违桥门
北
芝
京桥
中桥
日本桥
浅草桥门
筑地
灵岩岛
东

9

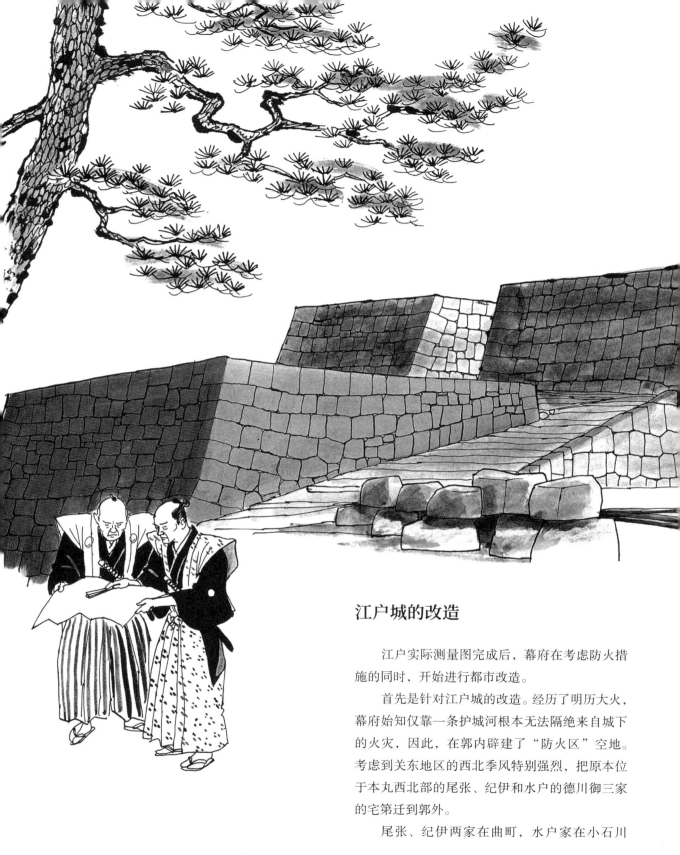

江户城的改造

江户实际测量图完成后，幕府在考虑防火措施的同时，开始进行都市改造。

首先是针对江户城的改造。经历了明历大火，幕府始知仅靠一条护城河根本无法隔绝来自城下的火灾，因此，在郭内辟建了"防火区"空地。考虑到关东地区的西北季风特别强烈，把原本位于本丸西北部的尾张、纪伊和水户的德川御三家的宅第迁到郭外。

尾张、纪伊两家在曲町，水户家在小石川

领受了大面积房屋用地，重新建造上屋敷（上宅第）。原有住宅地成为空地，不久变成将军专用的马场和药园，也就是所谓的"吹上御庭"。这根本改变了安土桃山时代的城下町规划的原则：将军近亲被安置在郭内。

三月十五日，江户城的重建工程开始了。幕府命令众大名重新建造遭遇火灾的古石墙。1659年（万治二年），本丸御殿重建完成，屋顶全面改成铜瓦和土瓦，千叠敷的大广间也被简化了。

大火之后一直住在西丸的将军家纲，终于在两年后回到本丸。

本丸西北角的天守台也进行了改建，改建后的规格和大火前的相同。幕府原本打算在天守台建造五层楼的大天守阁，但辅佐将军的将军叔父保科正之认为"在和平时代从远处看到天守阁根本毫无意义，应节省这一庞大开销"，因此未再建造江户的象征大天守阁。自此，江户成为"没有天守阁的城下町"。

改造武家地与寺社地

随着御三家迁到郭外，江户城周围的大名宅第也进行了整建。大名小巷的外样大名宅第必须迁到外护城河之外，房舍原址改为幕府公用的防火地。大火之后，受到许多建筑规范的限制，面宽超过三间（约5.9米）的大建筑都不允许建造，例如橹门和大玄关。自此，色彩鲜艳、雕梁画栋的桃山风武家宅第从江户城下町消失。

自古以来就在城内的寺社地也进行了大规模

的改造。比如，以山王祭[1]闻名的山王社从三宅坂移到溜池。另外，神田、骏河台、八丁堀等和町人地相邻的寺庙，早已分散到外护城河之外。日本桥横山町的西本愿寺迁往筑地，神田明神下的东本愿寺迁至浅草，灵岩岛的灵岩寺迁往深川，各自在江户郊外有了新据点。这些地区终于成为新江户的外延地带。

1 山王祭是在江户时代被将军准许进入江户城的著名祭典，也是日本三大节庆活动之一。在双数年份的六月十五日进行名为"神幸祭"的主打巡游，大约500名身穿古装的民众，于东京站、银座等东京市中心街区巡游。——编者注

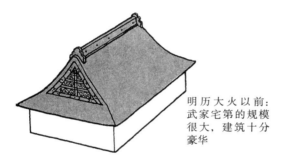

明历大火以前：武家宅第的规模很大，建筑十分豪华

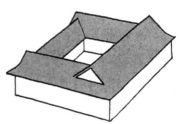

明历大火以后：即使面积相同，由于面宽受到限制，规模变小

大名宅第的大门，因等级不同而规定不同样式

国持大名的等级

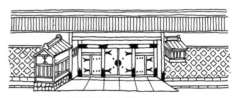

5万石以下（外样大名）等级

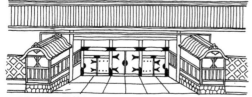

10万石以上的等级

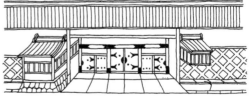

3万石以下的等级

5万石以上的等级

1万—3万石的等级

町人地的改造

　　江户市中设置了防火地和防火堤，这是町人地的防火措施。

　　防火地是为了预防大火蔓延所设置的广场，也被称为"广小路"。中桥、长崎町、大工町很早以前已辟建广小路，不久，市中各地都出现了这种将町屋[1]移除后形成的防火地。尤其在通往

中山道的外护城河交通重地，筋违桥门内的连雀町，为了避免火灾波及桥梁而留出防火地，居民移往武藏野的郊外，开拓连雀新田（三鹰市）。

　　神田白银町至柳原的七个町，全都建造了防火堤。防火堤是高度二丈四尺（约 7.3 米）的长堤防，上面还种了耐火的松树。日本桥四日市町

1　商家。

居民移出连雀町后，筋违桥门内成为防火地

也有沿着日本桥川建造的防火堤。

因此，在市内最热闹的地区，出现了绿意盎然的景观。

除了新设防火地以外，幕府还对町人地重新进行了区域规划。日本桥通町路拓宽为六丈（田舍间十间约 18.2 米），本町路为京间七间（约 13.8 米）。此前由于马路过于狭窄，火灾发生时居民避难不及致死，因而将马路从原本的京间三间（约 5.9 米）拓宽为五至六间（约 9.9—11.8 米）。

新的町人地规划完成后，幕府制定了全新的町屋建筑规范。禁止先前许可的瓦屋顶或三层楼建筑，规定面向马路的一面必须设置田舍间一间（约 1.8 米）的屋檐，以便发生火灾时人们能够把梯子架上屋檐，攀爬至屋顶进行消防作业。

全新的建筑规范使江户町焕然一新，原本到处可见的华丽三层町屋在明治时代之前销声匿迹。

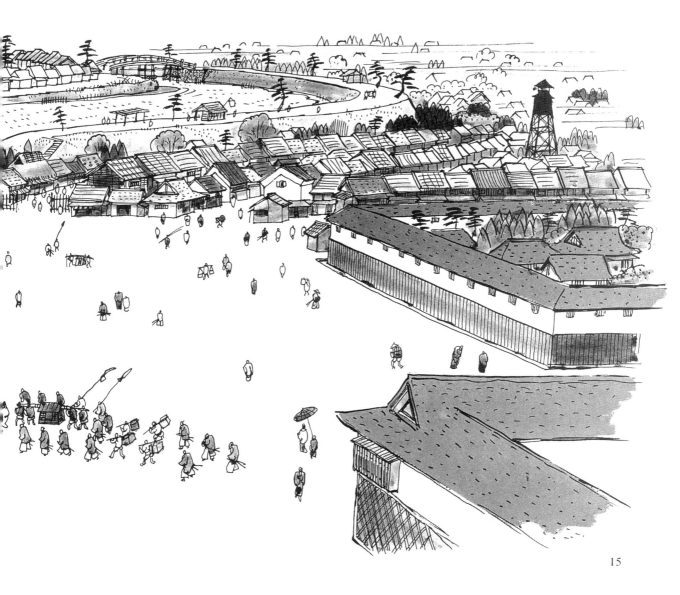

市区的扩大

市中的武家地、寺社地和町人地改造完成后，江户大举向郊外发展。"の"字形的都市规划在这个阶段发挥重大作用。幕府利用这个机会，将旗本和御家人的住宅全部移往郊外，推动了新城的建设。

随着江户市区的扩张，上水道设施得到进一步发展，开凿青山上水，郊外新建武士宅第的青山、赤、麻布等成为良好的居住地。1661年（万治四年），伊达家协助进行了小石川护城河的拓宽工程，江户港的船从牛込进入，小石川、小日向和牛込一带的农村逐渐都市化。

江户也向西南方向发展，在溜池的一部分、京桥和木挽町的洲崎等地填海造镇。这里就是现在的"筑地"，于是，江户一直扩展到品川一带。

另一方面，许多寺社转移到东北部的浅草一带，日本桥附近的"吉原"搬到浅草寺北方的日本堤附近，扩大了规模，成为"新吉原"，繁荣更胜从前。江户下町的花柳街，也从日本桥迁移到浅草一带。

江户东边的拓展受到了隅田川的限制。隅田川对岸的本所、深川，成为江户生活物资的新贮藏地。明历大火时，放置在市中心材木町、炭町和薪町的木材、木炭和薪柴全都被波及，助长了火势。随着这些地区的发展，江户已不再是武藏一国的都市了。

西本愿寺也迁至筑地

隅田川对岸的深川成为木材贮藏地

两国桥

　　两国桥是架设在隅田川上的第一座桥，完成于1660年（万治三年）。一开始被称为"大桥"，之后有人认为它是连接武藏国（东京都）和下总国（千叶县）的桥，因此称之为"两国桥"。

　　两国桥是一座长九十六间（约174.6米）、宽四间（约7.3米）的木造桥，是当时日本规模最大的桥梁。桥面呈圆弧形，横跨在空中像彩虹般雄伟美丽，为经历明历大火而陷入悲伤的江户市民带来了重建的勇气。两国桥跨越河流，因此人们走路到邻国的本所、深川十分方便。由此也可以深刻感受到江户不再是武藏一国的城下町而已，它已成长为一座大型城市——"大江户"。

　　两国桥完成后，隅田川泛滥的低湿地本所一带的填地工程正式启动。划分土地，挖掘水沟，晒干挖出的泥土，采用"干拓"的方法将内部的水排出。从江户城看过去，当地挖掘了纵向的"竖川"以及与之垂直的"横川"，并规划了与之相连接的棋盘状道路。

1661 年，本所的排水工程完成，大名的下屋敷开始建设。许多人居住在这里，当然需要大量饮用水。于是，人们从远处的埼玉郡的溜井引水，也就是"龟有上水"。此项工程十分浩大，直到元禄年间（约 1700 年）才完成。

幕府在两国桥对岸建造回向院，命遵誉上人在此为葬身明历大火的民众祈福。不久，回向院成为本所的一大名胜。之后的 1702 年（元禄十五年），因赤穗义士的复仇而有名的吉良上野介的上屋敷，从吴服桥迁到了这里。

本所的南侧，也就是隅田川河口的深川，位于江户城的东南方，因此被称为"辰巳"。幕府的御用船仓库和各大名的仓库全部建于此地，民

间的林业工作者也在此建置木材场。从此，充满活力地摇着木筏的船家的身影，成为江户风情诗歌咏的内容。

随着深川一带的开发，民众希望在两国桥下游建造跨越隅田川的桥梁的呼声越来越强烈。新大桥终于在 1693 年（元禄六年）建成，1696 年又建造了永代桥。继两国桥之后，这两座桥的建成，使更多人前往灵岩寺、深川八幡宫的三十三间堂等地参拜。和浅草寺门前一样，这一带也成为大江户的新游乐胜地。

大江户八百八町

明历大火使"江户"蜕变成"大江户"。大火前的都市面积为44平方千米，大火后的宽文年间，面积已达到63.4平方千米。1682年（天和二年）十一月及十二月，蔬果店"阿七"连续发生大火，江户市中大半再度遭焚毁。

每次火灾后，江户都像浴火凤凰般重生，规模也逐渐扩大。对江户市民来说，火灾是灾难，同时也是"江户的特色"，成为江户进步发展的动力。

明历大火前的1630年（宽永七年），江户共

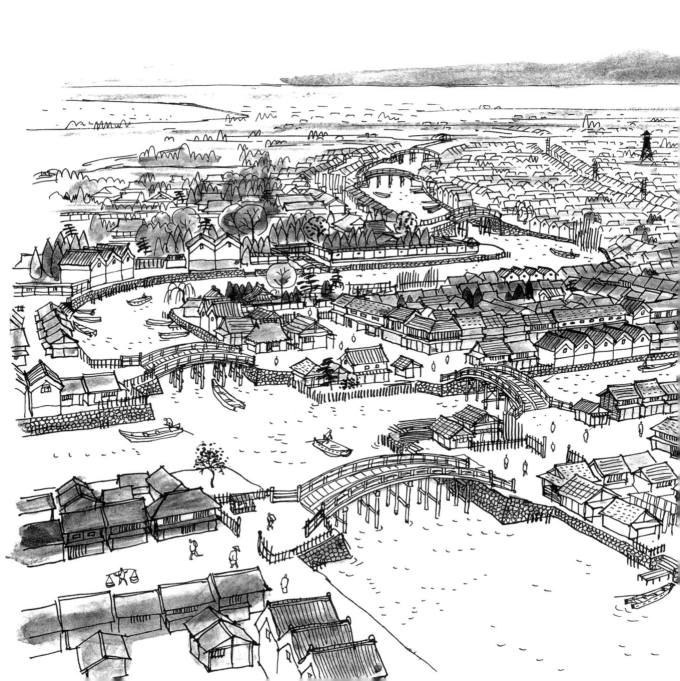

有 300 个町。相较于之后新开发的町，这些町被称为"古町"，受到幕府特别对待。1713 年（正德三年），加上由新增的 259 町组成的"町并地"，江户总计有 933 町。"町并地"就是旧农田逐渐城市化，姑且可视为町人地的地方。由此，在元禄年间（约 1700 年），当地形成了"大江户八百八町"。

武家地的人口约 40 万，寺社地约有 5 万，町人地有 35 万，共计 80 万人口。当时，欧洲第一大城伦敦的人口只有 50 万左右，巴黎不到 50 万。因此，元禄年间的江户，不仅是日本第一大都市，更是世界第一大都市。

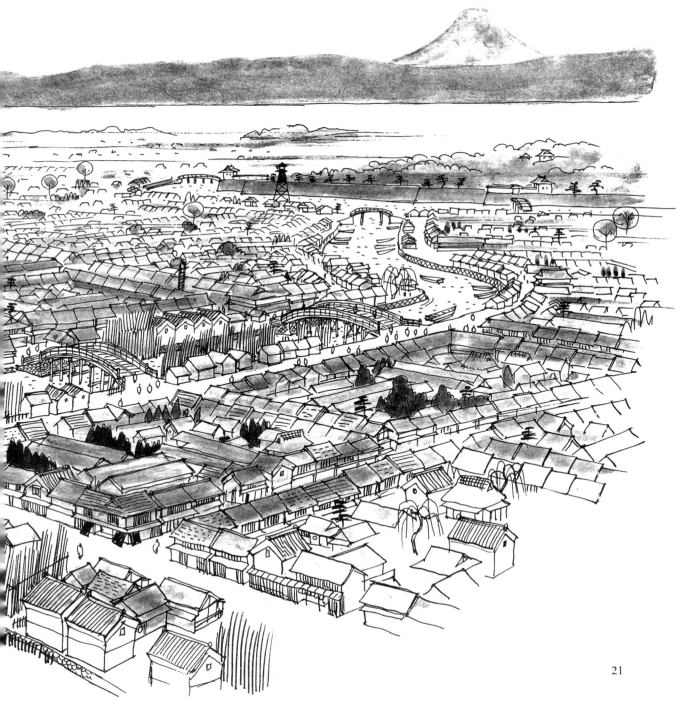

元禄时代

天下太平的江户时代已持续近一百年，没有一个武士经历过战争。腰刀变成"无用之物"，在路上行走时没有反而更好。只有发生火灾和争吵时，武士才有战争的感觉。明历大火之后制定的消防制度规定由一名若年寄率领四名四千石以上的旗本寄合众，在御茶水、饭田町、市谷左内坂、曲町半藏门外四个地方各设置一个役宅作为消防所，每个消防所配备约100名"中间"组成的名为"卧烟"的消防队。[1]每次大火，消防队的数量都会增加，到了1695年（元禄八年），已

---

1 若年寄为江户幕府的官职名，是仅次于老中的重要职务，负责统辖旗本和御家人。寄合原指日本中世以后实行的乡村制度中的协商组织，镰仓时期也指武士集团的合议机构，其成员被称为"寄合众"。到了江户幕府时期，成了三千石以上的旗本阶层中无职务者"寄合席"集体的代称，其"合议"的职能已经消失了。役宅（やくたく）是为有特定职责的人居住而设置的住宅。中间，也写作仲间，江户幕府的官职名，负责江户城内警备及其他杂事。——编者注

经有 15 支消防队，投入武家地的消防工作。

町人地没有这种消防制度。江户市中的町屋平均六年会发生一次火灾，每次火灾过后重建都使城市规模越来越大。一旦遇到火灾，木材、米等生活必需品的价格就会上扬，商人趁机大捞一笔。木工和泥瓦匠的工资也涨得很高，这让他们感到高兴。

因此，伤脑筋的只有武士而已。每次遭遇大火，大型武家宅第都得重建。参勤交代制的实施使大名在物价昂贵的江户生活十分不易。于是，大名等武士阶级逐渐没落，町人阶级开始过起丰衣足食的生活。

随着江户的急速扩张，町人活跃，最突出的是从伊势（三重县）、近江（滋贺县）和京都方面"下来"的商人。他们在优良的"下方商品"[1]的生产地和集散地设置总店和批发店，并在江户开店（江户店），成为"天下的町人"。

最具代表性的是三井高利。他是伊势商人，在松坂靠金融业（银行）和贩售米起家，1673 年（延宝元年），在江户本町一丁目开设"越后屋"和服店，并在京都设置批发店。十年后，三井把江户本店搬到骏河町，同时开始经营兑换店。1687 年（贞享四年），"越后屋"受命成为幕府的御用和服店。1691 年（元禄四年），他的兑换店也成为御用金银兑换店。该店实施"现金买卖，恕不赊账"的新经营方式。

1730 年代，它成长为京都七家店、江户五家店、大阪两家店、松坂一家店的规模，在全日本共有 15 个营业据点，这也为今天的三越百货和三井银行奠定了基础。

在太平的元禄时代，最有名的町人非纪国屋文左卫门和奈良屋茂左卫门莫属了。每次大火后，他们都负责幕府的庞大建筑工程，成为所谓的御用商人，据说因此累积了丰厚财富。他们出入明历大火后红极一时的新吉原，奢华的程度远远超过大名，在江户备受瞩目。他们将多余的钱财捐献给寺庙，兴建了许多建筑。

没有一天　没有钟卖出　江户之春
　　　　　　　　　　　　——其角

---

1 以前称皇宫所在地京都一带为上方，其他地方都是下方。

江户歌舞伎

江户歌舞伎最能充分代表元禄的町人文化。上册（87页）介绍过，江户堺町的中村座、市村座与木挽町的山村座、森田座，是幕府所认可的"江户四座"。

相较于"上方"著名演员田藤十郎和芳泽菖蒲表演的"和事"（表演和艺伎嬉戏的软派剧），江户的戏剧是以市川团十郎首创的"荒事"（以英雄传为主的硬派剧）为最大特色的。团十郎在1673年（延宝元年）14岁时，首次在江户中村座登台。他的家徽是"三升"，屋号为"成田屋"。

他扮演"坂田的金时"（因击败大江山的酒吞童子而出名的平安时代武将，源赖光的部下，乳名金太郎），用红色和黑色油彩在脸上化装，表演激烈的武打场面，赢得满堂彩。惩恶救弱的超人行为，在民风剽悍的江户市广受好评。从此之后，名为"荒事"的武戏就成为深受欢迎的江户歌舞伎。每年十一月的颜见世表演[1]和正月表演也成为忙碌的江户人一年一度的活动。

1　所有演员同台亮相表演的节目。

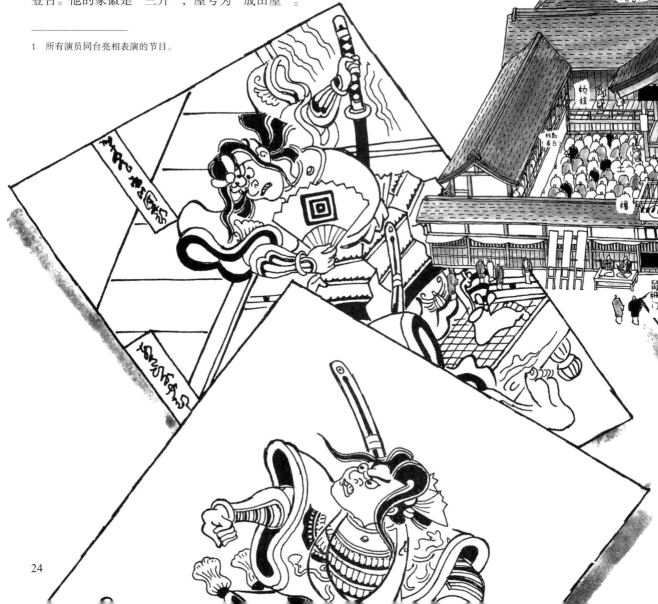

衣裳藏
（戏服仓库）

床山（整发室）

乐师

市川团十郎的"荒事"武戏
在江户大受欢迎

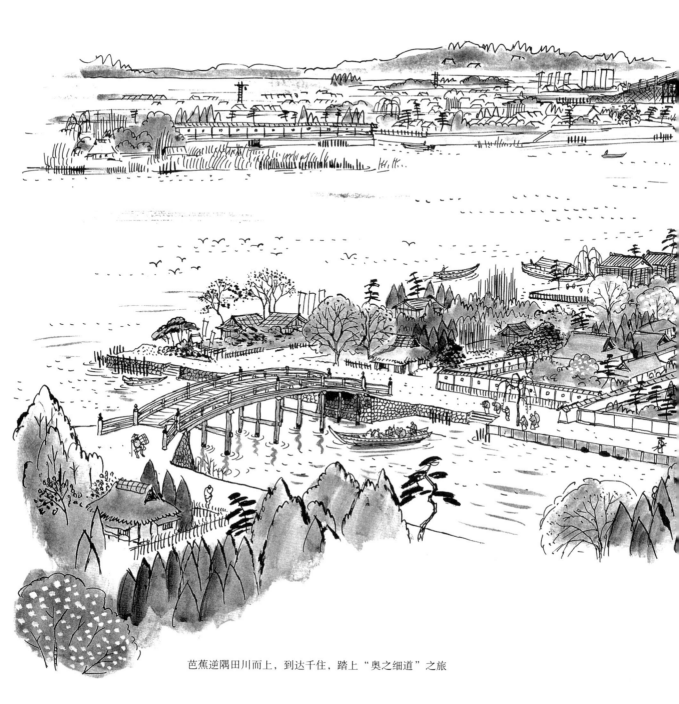

芭蕉逆隅田川而上，到达千住，踏上"奥之细道"之旅

芭蕉庵

在元禄时代的文人中，松尾芭蕉甚受瞩目。他出生于津藩（三重县）32万石的城下町伊贺上野，从小学习俳句，1672年（宽文十二年）29岁时来到江户。

在江户，他先投靠本船町的小泽卜尺。不久之后，榎本其角和服部岚雪等人都拜他为师。弟子中有一位是经营幕府御用海鲜批发店的鲤屋杉风。在杉风的安排下，他搬到鲤屋位在深川元町

的别墅居住。

虽说是别墅，芭蕉居住时，那只是用鱼塘旁的小屋改造的简陋房子。弟子李下在院子里种的芭蕉长得十分茂盛，因此，人们称这别墅为芭蕉庵，松尾本人也改号为"芭蕉"。

　　　古池　青蛙跳入　水声

这首有名的俳句就是在有老旧鱼塘的芭蕉庵所咏创的。

芭蕉喜欢四处旅行的流浪生活。1689年（元禄二年）三月，他模仿西行法师等古人，展开从陆奥、出羽绕行北陆的"奥之细道"之旅。当时芭蕉46岁，旅途中只有弟子曾良一个人跟随他。

芭蕉将芭蕉庵让给了别人，离开杉风的别墅，搭船逆隅田川而上，遥望着西方的富士高山，心想，不知何时才能看到上野谷中的樱花。到达千住时，他告别了用船为自己送行的弟子。

　　　逝去的春天　鸟儿啼　鱼的眼中尽是浪

书库

校舍

汤岛圣堂和学问所

　　1680 年（延宝八年），绰号"犬公方（将军）"的德川纲吉成为第五代将军。他在 1687 年（贞享四年），制定了恶名昭彰的恶法《生类怜悯令》。

　　纲吉没有子嗣，真言宗护持院的大僧正隆光为他祈福时说："禁杀一切生物，尤其将军是戌年生，必须疼惜狗。"于是，他开始为狗设置户籍，在大久保、中野设置大型的狗屋，派专人照顾狗，凡杀狗者，一律处以死刑。直到纲吉去世为止，《生类怜悯令》实施了二十四年，大部分江户市民深受其苦。

　　虽然有类似的恶政，但不能忽略纲吉在文化

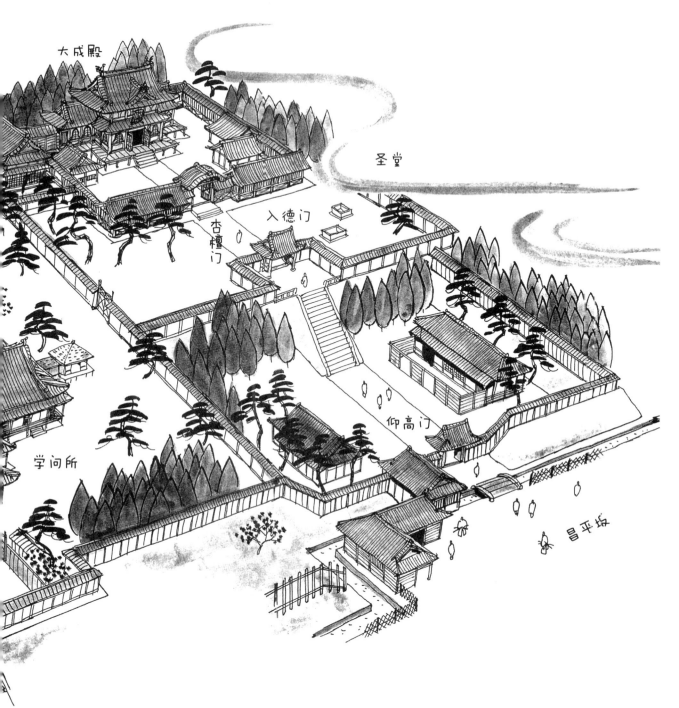

大成殿

圣堂

入德门

杏檀门

仰高门

学问所

昌平坂

促进事业上的功绩。他在大塚建立护国寺，在神田桥外建造壮丽的知足院。在宽永寺内，模仿比叡山，建造庞大的足以和东大寺大佛殿相提并论的根本中堂。

纲吉爱好学问。他将儒学家林罗山在上野忍丘（今上野公园竖立西乡隆盛像的地方）自家所建的孔子庙移到御茶水的神田台，又借幕府之手建造了以大成殿为中心的诸多建筑，组成"汤岛圣堂"。

同时他还建造了附属的学校。根据孔子出生地——鲁国的昌平乡，将神田台称为"昌平坂"，学校则被命名为"昌平坂学问所"。

北

天文台

纲吉设立了许多研究所，比如北村季吟、湖春父子的"歌学方"，以及吉川惟足的"神道方"。在绘画方面，除了传统的狩野派画院以外，还由住吉具庆创办了土佐派画院。

若言及对后世的影响，首推1685年（贞享二年）第一次采用日本人制作的历法。

此前长达八百年的时间，日本一直使用中国唐代制作的宣明历。宣明历一年的天数比实际多一点，在1684年竟然产生两天的误差。因此，日食无法被准确预报。

在幕府担任围棋师的安井算哲，学习了欧洲的天文学，研究发展成熟的中国天文历书，并根据实际天体观测的结果，认为有必要修改宣明历。他向幕府建言，于是日本正式采用"贞享历"。

算哲的这项功绩，使他得以掌管幕府的天文部门，他也将姓名改为涉川春海。从此，年历的制定工作不再依靠京都的阴阳师幸德井家（土御门家的次席），而由幕府的天文部门负责。

为了进一步研究历法，1689年（元禄二年）江户本所建造了第一座天文台。天文台的研究成果使春海的历法不断改进，日趋准确。其后，天文台移到骏河台、神田佐久间町和浅草片町。

享保改革

　　纲吉在元禄时代的江户推动了许多文化事业的发展，但幕府的财政支出庞大，濒临破产。在纲吉之后，第六代将军家宣、第七代将军家继相继去世，被誉为名君的纪州（和歌山县）藩主吉宗成为第八代将军。

　　新将军吉宗的首要任务是重整幕府的财政。他整顿受元禄繁荣的影响变得十分奢华的武家生活，重新建立幕府的家康精神，将此后的基本政治方针确定为勤俭尚武，也就是勤奋工作、厉行节约，尊崇武士道。同时，选拔人才时不看重家世背景，大胆录用优秀人才，广泛听取大众意见。改良不合理的旧制度，实施新政策。这就是世人所说的"享保改革"。

　　时任南町奉行（数寄屋桥门内）的大冈忠相，在江户市政推动吉宗的改革。他原是伊势的山田奉行，1717 年（享保二年）被吉宗提拔为江户的南町奉行，到 1736 年（元文元年）为止的十九年间，市政都由他掌握。他充分了解江户市民的感情，审判十分公正，许多人尊称他为"大冈大人"。虽然北町奉行（吴服桥门内）也是町奉行，但人气远远不及"大冈大人"。

　　吉宗和忠相联手推动实施的江户改革主要依据"目安箱"。所谓目安箱，是设置在龙口评定所（法院）门前的信箱，江户市民可自由发表意见，一般舆论可直接反映在市政上。因此，目安箱得到江户市民的广泛支持，享保改革得以成功。

小石川养生所

　　江户市民借由目安箱要求幕府实施的大部分政策，都是关于随着都市的大型化，如何救济来自全国各地的贫民的问题。

　　幕府为了解江户市中的人口实际情况，进行了人口调查。1721年（享保六年），吉宗命令全国大名调查并报告各自领地的面积和人口数，之后每隔六年提交一份调查报告。同时，江户市的里正必须制作户籍簿。由此幕府可以准确掌握江户市的人口，也因此发现生活困苦的穷人多得出乎意料，于是他们开始思考如何救助贫民。

　　首先，幕府着手充实药园。早在1638年（宽永十五年），幕府就在郊外的大塚和麻布设置药园，主要用来为将军种植人参。大塚药园在1681年（天和元年）遭到废除，麻布药园也在1711年（正德元年）移至白山御殿旧址（纲吉在馆林藩主时代所使用的下屋敷），1722年重新整顿扩张。

　　此外，青木昆阳为了拯救众多因稻作歉收而陷入饥馑的贫民，开始尝试种植地瓜。目前，该地由东京大学当作附属植物园使用。同时，幕府还设置小石川养生所（医院），让因病失去生存技能的人有了获得新生的机会。

都市绿化运动

当时，江户有"各领国垃圾堆"之称。因为来自各地的人聚集在江户，城市缺乏自然植被，脏乱得像垃圾堆。

吉宗认为江户周围应该有充满大自然气息的游乐地，于是就在飞鸟山、隅田川堤、品川御殿山、小金井和玉川上水路沿岸等地种植樱花树。飞鸟山是将军打猎的地方，吉宗经常造访。1720年（享保五年）至翌年，江户城内的吹上御庭培育的樱花树苗被移植至飞鸟山，使飞鸟山变成一座公园。樱花树原本是生长在山里的树木，在吉宗时代大量种植在江户町后，成为一种城市树木。

隅田川的堤岸是江户下町居民熟悉的地方。两国桥、新大桥和永代桥建成后，隅田川流入江户市中，河中可捕捞到浅草海苔和浅草鲤。在河口处，甚至可看到银鱼的身影。清澈的河水可用来酿酒。春天赏花，夏天纳凉，秋天赏月，冬天赏雪，隅田川两岸成为江户市民感受四季风情的休憩胜地。

随着郊外绿化运动的顺利推行，江户城内的高围墙也被拆除了，并在当地种上了松树。今日皇居的美景，就是吉宗时代创造出来的。

之前因为满天尘土而被称为"伊势屋、稻荷（五谷神）与狗大便"的江户市街，终于充满了绿意。

品川御殿山有许多赏花客，热闹非凡

龙吐水

町消防队

前面曾经提到，明历大火后，幕府只在武家地推行了消防制度。之后进一步发展出幕府直属的"定消防队"，以及自古以来就有的大藩组织的"大名消防队"，尤其是加贺百万石著名的前田家消防队十分有名。前田家消防队约有100名英勇的队员，之后这成为"加贺鸢"戏剧表演的主题。

只要一听到"哇，着火了！"，消防队员便争先恐后地奔赴所谓"江户特色"的火灾现场。

他们的工具虽名为"龙吐水"，但只能慢慢吐水，完全无法奏效，最后只能用水桶浇水灭火，并用救火钩或斧头破坏房子，防止火势进一步蔓延。当风吹来时，他们在下风处用大团扇扇回去，奋不顾身地与大火搏斗。

已发展至1600町以上的大江户，根本不可能完全避免火灾发生。于是，除了定消防队和大名消防队等"武家消防队"，大冈忠相还另外设立了"町消防队"。每一町有30名消

望火架

缠

自身番屋

用水

防员，这些消防员组合成为"伊吕波¹四十八组"消防队。由于假名中"へ""ら""ひ""ん"四字给人的感觉不好，不吉利，因此改用"百""千""万""本"。

1720 年（享保五年），町消防队和武家消防队一样拥有"缠"。"缠"是战争时象征大将阵营的旗帜，火场如战场，"缠"也表示首领的指挥所。"在芝出生，在神田长大，如今在消防队

举标旗"，歌曲中所歌颂的精力充沛的"小兄弟"指的就是消防队的年轻人。

"伊吕波四十八组"负责隅田川以西的消防工作，东面的本所、深川另有 16 组，总计共有超过 1 万名消防队员。如此，江户的消防体制总算建立起来了。

同时，当地还设有"观火台"。在武家地，定消防队可设置高约三丈（约 9.1 米）的观火台。町人地不允许建造可瞭望远处的高楼建筑，只有户长的屋顶上才能装可随时拆卸的观火台。町消防队制度确立后，观火台逐渐正统化。为了看到两町四方（约 236.4 米）内的情况，在大屋顶上设置高约九尺（约 2.7 米）的观火台。之后，每发生一次大火，观火台就建得更高一点，甚至在自身番屋²屋顶建造了高达二丈六尺五寸（约 8.0 米）的"望火架"。自身番屋也准备着标旗、救火钩和水桶等消防工具。

最具规模的观火台是"观火望楼"。通常每十町有一个，观火望楼总高为十一间（约 21.7 米），上面挂着小吊钟，可用来通知远近居民火灾发生。如果火灾离得很远，就敲一下；如果可能演变成大火，需要出动消防队员，就敲两下；如果火灾发生在附近，就会不停地敲。那时英勇的江户人会丢下手上的事，卷起袖子，奔赴火场。

---

1 《伊吕波歌》是日本平安时代的和歌，以七五调格律写成，歌词中包含了所有的假名，每个假名只出现一次。约从 11 世纪起常常作为练习假名写法的范本，江户时代开始更广为流传。——编者注
2 自治岗哨之意。

耐火建筑的普及

　　无论武家消防队和町消防队的制度再怎么健全，都无法杜绝大江户的火灾，因为江户密集的木造建筑物很容易发生火灾。对此，幕府认真地考虑修建耐火建筑。

　　明历大火时，屋顶的屋瓦掉落，砸死许多逃难者。此外瓦顶的建筑物造价昂贵，即使是大名宅第，也只是泥土房子。

　　起初人们尝试给茅草屋顶、草屋顶和木板屋顶涂上泥土或是排列上牡蛎壳，以达到防火效果，但效果并不理想。1674年（延宝二年），近江国（滋贺县）的西村半兵卫设计出轻巧又便宜的"栈瓦"，逐渐代替传统的瓦（称为"本瓦"，以和"栈瓦"区别）。

　　吉宗借由目安箱得知这个消息，于1720年（享保五年）许可建造瓦屋顶的建筑，同时，用免除公役金（税金）或出借建筑费用的方式，鼓励民众建造耐火建筑。根据耐火程度的强弱，江户建造出三种类型的町屋："土藏造""涂屋造"

土藏造

涂屋造

和"烧屋造"。

首先，"土藏造"的屋顶使用的是栈瓦，屋檐背面、墙壁、门窗等外侧都要涂上一层厚厚的泥土，是真正的耐火建筑。

其次是"涂屋造"，屋顶使用栈瓦，但只在外侧，尤其是二楼正面涂上泥土，一楼正面以及侧面、背面使用木板，是一种简易的耐火町屋。

最后是"烧屋造"，屋顶和外墙都使用木板，是完全没有耐火效果的简陋町屋。每次遭遇火灾，都会被烧得一点不剩，故得此名。

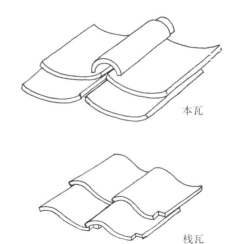

本瓦

栈瓦

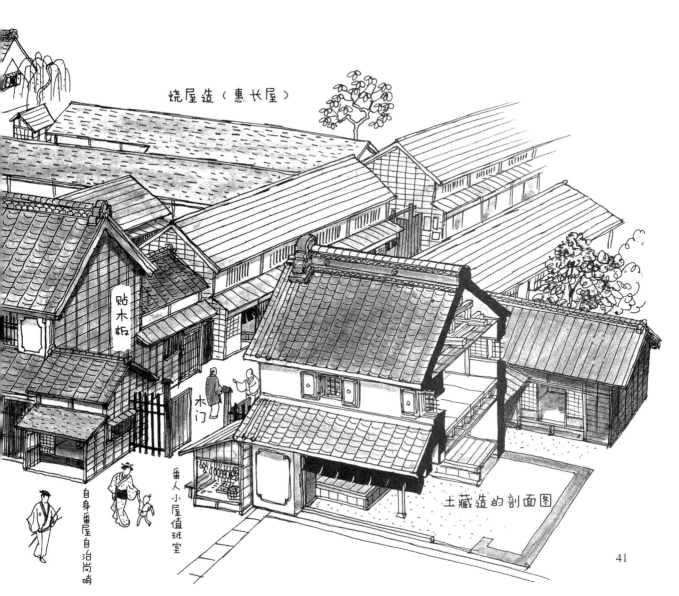

烧屋造（惠长屋）

贴木板

木门

番人小屋值班室

自身番屋自治岗哨

土藏造的剖面图

改革后的街道

随着耐火建筑的普及，大江户的街道变得截然不同。

从元禄时代开始，原本的城下町的规划原则——相同职业的人住在一起——已遭到破坏，商人町、职人町只是徒有虚名，各种职业的人已混合居住。不久，随着町人经济能力逐渐加强，在将近半个世纪后，町人阶级内部出现了贫富差距，大致可分为三个阶层。

地主阶层：拥有沿街的土地和宽五至十间（约 9.9—19.7 米）的"土藏造"的御用大商人和族长。

有家阶层：拥有沿街的土地，建造宽二至四

间（约 3.9—7.9 米）的"涂屋造"房子并居住其中的商人和手工艺人。

伙计阶层：住在巷内的"烧屋造"大杂院，租屋居住的旅行商人或伙计。

必须注意的是，沿街房子必须是"土藏造"或"涂屋造"的。1723 年（享保八年）幕府还只是规定栈瓦屋顶两层楼房不能建得太高，到了 1806 年（文化三

年），已明确规定楼高不能超过二丈四尺（约 7.3 米）。这种高度受限的"土藏造""涂屋造"町屋，泥土墙涂上加了墨汁的牡蛎壳灰和石灰，呈现黑色光泽。大型店家还花很多人力，将外墙擦得一尘不染，在这样黑漆漆的街道上，每幢房子上还有大得令人生惧的兽瓦耸立，以对抗带来灾难的恶魔。

垃圾堆

水井

厠所

44

里长屋的诞生

不是临街的地方，早先有名为"会所地"的空地。享保改革后，耐火建筑物普及，居民开始安心住在市中，并在会所地辟置小巷，在巷旁建造"烧屋"，也就是所谓的"九尺二间里长屋"。

这些房屋长九尺（约 2.7 米）、宽二间（约 3.6 米），也就是只有三坪（约 9.9 平方米）。由于不是独门独栋，而是将一栋房子分割成很多间，所以也被称为"栋割长屋"。一打开门就是厨房，里面只有一间四叠半的小房间。水井和厕所都是公用的，设置在三尺宽（约 0.9 米）的小巷深处。丈夫外出工作时，太太们就聚在一起，从早到晚一边聊天一边煮饭、洗衣服。这就是所谓的"井边会议"。

住在里长屋的人通常是伙计、轿夫、车夫、做屋顶的工人，或是沿街叫卖的商人。有时候也会有四处流浪的武士，但大部分是从各地农村来的人，他们几乎没有积蓄，过一天算一天。家庭的平均人口为 3—4 名，夫妻加上一两个孩子。今天的"核心家庭化"，其实起源于江户时代。

虽然居住空间狭小，但是邻里之间相互扶持，生活也很快乐。他们不用缴税。日常生活如遇到困难，可找房东商量，大家过着和谐、自由的生活。

作为幕府米仓的隅田川西岸被称为"藏前"

经济能力大增的札差享受奢华的生活

江户人的诞生

享保改革进行中的 1725 年（享保十年），大江户已发展成面积约 69.9 平方千米的大型都市。

无论町人再怎么活跃，江户还是将军麾下的武家之都。整个江户的 66.4% 是武家地，町人地只有 12.5%。而且，由于参勤交代制的关系，武士会在故乡和江户各住一年，只有极少数人会代代住在江户。

江户市中的商家大多是在上方设有总店的江户分店，许多工作人员从故乡单身赴任，很少有彻头彻尾的江户町人。但在元禄时代（17 世纪末），有些町人意识到自己是江户的居民，对江户人特有的"潇洒"和"骨气"引以为傲，他们帮助弱者，对抗权势。

18 世纪后半叶，以江户为生活据点而定居的地道町人，比方说日本桥河岸鱼市的老板，或是在幕府米仓"藏前"工作的"札差"等，成为最具代表性的江户人。

札差负责把幕府供应给旗本的俸禄米换成现金，也就是从事金融业的人。大冈越前守在 1724 年同意由 109 名札差独占这项业务，使札差从中获得极大的利益。他们铺张浪费，奢华的程度甚至超过了大名。他们比赛谁更"潇洒"，谁更有"骨气"。这些风雅之士被称为"通人"。1770 年（明和七年）左右，共有 18 名"大通人"，简称为"十八大通"，其中最有名的是大口屋八兵卫（晓雨）。据说，他模仿当时江户最受欢迎的第二代团十郎表演的"助六"，头上包着江户紫头巾，打着粗环形花伞，以"潇洒"装扮出入吉原，对茶屋的女老板大声吆喝"福神来了"。

这些茁壮成长的町人，使"繁华大江户"发展出歌舞伎、浮世绘、洒落本[1]、狂歌、落语（单口相声）等"江户人文化"。

---

1 江户时期在民间流传的小抄本。

都市的生理——上下水道

"水道"也让江户人引以为傲。无论武家还是町人，凡使用自来水者，都要支付名为"水银"的自来水费。这些自来水费用于新建和维修自来水道。

在江户开发初期，幕府建造了神田上水、赤坂溜池上水，1653年（承应二年）后，又开始建设玉川上水。玉川上水的水量很丰富，在明历大火后进行分流，进一步扩大了供水范围。1660年（万治三年），人们在四谷大木户水门旁埋入木水管，开辟分往南方的大番町、青山大道、麻布、芝新堀边一带的"青山上水"。1664年（宽文四年），又将河水从下北泽引向代代木、三田、目黑、白金和大崎一带；在俵町之后，使用木水管，供应二本榎、伊皿子、坚坂、三田町、松本町、新马场同朋町、西应寺附近的用水，也就是"三田上水"。1667年，为了支援水量不够充足的神田上水，在代代木进行了分流工程，三年后，拓宽了玉川上水的水路宽度。

到了1696年（元禄九年），玉川上水又在多摩郡保谷村进行分流，一直挖到巢鸭村。在巢鸭村之后，由木水管供应本乡、汤岛、下谷、浅草一带的用水。这被称为"千川上水"，是由河村瑞轩设计的。玉川的水为一大半的江户市民提供了饮用水。

江户的上水道如此发达，是因为江户是在海边开发的都市，地下水脉很深，挖一口井的花费巨大（二百两左右）。18世纪后，人们从大阪引进了一种名为"阿奥利"的挖井工具，只要三两二分钱就可挖一口井。那时江户人不再像以前那样仰赖上水道。1722年（享保七年），室鸠巢认为江户经常发生火灾，是因为建了太多上水道，地下水都被水道吸收了，因此提议废止上水道。适逢幕府正在重整财政，就采纳了这项奇特的建议，废除龟有上水、青山上水、三田上水和千川上水，只留下神田上水和玉川上水。

虽然江户的上水道十分发达，但没有建造下水道。一方面是因为当时的江户人缺乏西方的卫生科学观念，与之相对，巴黎就有发达的下水道，另一方面这和江户周围的农村有密切关系。

种植在广阔的武藏野台地的农作物，都是以水肥作为肥料。因此，江户市中的水肥可卖到很高的价钱，然后被运往农村。东部和西部运输水肥的方法有所不同，在有运河的东部可使用运肥船；在没有水运工具的西部，人们必须把水肥桶装在马匹上，或是由人力挑扁担来运输。拜这些水肥所赐，当地栽培出砂川牛蒡、泷野川胡萝卜、油菜、千住葱、目黑笋等蔬菜，丰富了大江户100多万人的饮食。至于居民的生活垃圾，都会被丢弃在各个町设置的垃圾箱，再由专业人员统一运往掩埋地（永代岛）。

神田上水的关口大洗堰

宽政的还人政策

1783 年（天明三年）的春天，雨下得特别少，农民插秧时深受干旱之苦。到了夏天，又连日豪雨，各领国的河川泛滥。六月十七日的一场豪雨使得千住、浅草和小石川一带成为水乡泽国，时序虽是夏季，天气却很寒冷，人们每天都要裹着厚棉衣御寒。

七月，浅间山发生了大型的火山爆发。火山灰飘落北关东一带，对人畜和农作物造成了极大的伤害。江户市的大白天也像黑夜般昏暗，不久，大江户川上游出现折断的大树、破损的家具，以及四肢残缺的人和马的尸骸。

中秋节（八月十五日）的夜晚刚好有月食，无法看到圆月。人们对这种异变心生畏惧，亲眼看到即使到了秋天，农作物也几乎没有收获，陷入一片茫然。这一年出现全国性的大歉收，光是在东北地区[1]就有近 20 万人饿死。

农民百姓平日已深受重税之苦，再加上这场大饥荒，有人不得不抛弃土地，有人不得不舍弃家园，离乡背井逃到大江户打工度日。于是，大江户充斥着游民和流浪汉，犯罪事件频发。同时，米价日益飙涨，市民陷入极度的不安。

1　指本州岛北部由青森、秋田、岩手、山形、宫城和福岛六县所组成的东北地区。

　　1787年，大阪发生的"给我白米骚动"扩散到日本全国各地。江户市中的米店也遭到破坏，在短短的三天之内，就有980户藏前的札差家遭到打劫。

　　这场打劫风波后，年仅30岁的松平定信成为新的老中。他着手进行统一管理物价、取缔风化等各项改革，这就是"宽政改革"。

　　松平定信着重改善大江户的下层社会的状况。打劫大多发生在黎明，因此，他在石川岛建立收容所，收容无家可归的男女。由担任"火付盗贼改役"（负责在市中巡逻、预防火灾、缉捕盗贼的工作）的长谷川平藏负责管理，为他们分配工作，使他们自力更生。但由于石川岛不仅衣食不够充足，被收容者还必须接受强制劳动，所以人人敬而远之。

　　松平定信分别在1790年（宽政二年）和1793年两次发布"旧里归农令"，也就是后人所说的"宽政还人政策"，他支付旅费给来到江户的贫农，提供农具，让他们回到故乡。对于无家可归的人，原谅他们的罪行，让他们回乡从事农业、渔业等工作。但是这项政策并不成功。许多人已经习惯了都市的自由生活，即使只能在里长屋过着贫困的生活，也不想再回到艰苦的农村了。

学问所和寺子屋

为了重整武士阶层的风气，松平定信创立了教育制度。1797 年（宽政九年），他将林家私塾的汤岛圣堂正式改为幕府的学校，也就是官学的"昌平学问所"，即今东京大学的前身。

原则上武士教育都在家中进行，只有一些较难的学问和武艺，才会由优秀老师在其驻教的私

塾或道场教授。

随着教育风气盛行，许多藩纷纷设立藩校。1719年（享保四年），明伦馆在萩（山口县）创建，是最早成立的学校。

这些学校通常附设武艺练习场，很适合地位高于农、工、商的武士阶级，同时还进行以汉字为中心的文武两道教育。学生通常在7—8岁入学，15—25岁毕业。

"寺子屋"是百姓的教育机构。原本是和尚在寺庙的大殿教附近的孩子读书写字，到了19世纪，私塾很快在大江户普及。通常人们将两三间大杂院连在一起用作私塾。在享保年间（1716—1735），江户市中已有近800名师匠（老师）。寺子（学生）在6—7岁入学，从上午八点读到下午两点。上午习字，由老师个别指导；午餐过后，所有学生一起学习阅读、算术、礼法等科目。上学四五年后，就可以学会"阅卖、写字

和珠算"，毕业后，就可以进入社会工作。

寺子屋在教学方法上下了很多功夫。比方说，设有"大考"和"小考"，也就是痛苦的期末考试和期中考试，也有快乐的七夕祭或是天神祭等特别活动。冬天时，14岁以上的学生要参加晚上十点到半夜两点的寒夜课程。在立秋前的炎热夏日，学生们要在黎明前就开始上课。

日本桥左内町有一位著名的严师"雷师匠"。他的严格在市中广受好评，有许多人从其他町来拜师，因此教室规模逐渐扩大，据说，教室横跨大马路到后面的小巷，约有二十间（约39.4米）的距离。

虽然如此，寺子屋的经营还是很困难，但作为指导的老师们还是带着教育町内子女的责任与骄傲投入到教育事业中。就这样，作为町内教育机构的寺子屋，成为催生"江户人文化"的原动力。

"活力" 文化

文化、文政年间（1804—1829）之后，江户文化迎来了巅峰时期。这个时期产生了与明治维新后的近代直接相关的大众文化。现在我们从电视的时代剧和落语中了解的江户市民生活风俗，主要都是在那个时代形成的。

以日本桥为中心的街区，是大江户引人注目的区域。白木屋和服店（现在的东急百货公司）和山本山等营业至今的老铺鳞次栉比。越后屋和服店在日本桥北方的骏河町开了一家很大的店。从北侧本町道到东边大传马町一带，有许多和服批发店和布料批发店，隔壁的通旅笼町也开了一家华丽的大丸和服店（现在的大丸百货公司）。在下谷广小路，有松屋和服店（松屋百货公司的前身）多家大型店，生意十分兴隆。

这些商店街周围有繁华街区和游乐地。两国广小路、浅草寺门前、新吉原，还有上野山、飞

鸟山、御殿山等大江户的名胜不计其数，不是一天两天就能够参观完的。

江户文化终于在四里四方[1]的大江户开花结果，要享受这种文化的丰富内涵，必须够"活"[2]。所谓"活"，就如字面的意思，必须"生气勃勃"，对新的未知文化充满好奇心，而且必须脱俗漂亮，具备吸引异性的"性感"。

浮世绘和歌舞伎，以及落语常涉及的里长屋，都因为具备这种"活"与"潇洒"，为自由的都市生活带来了紧凑感和活力。

1 指方圆 16 千米的范围。
2 日文中"潇洒"和"活"的发音同为"iki"。

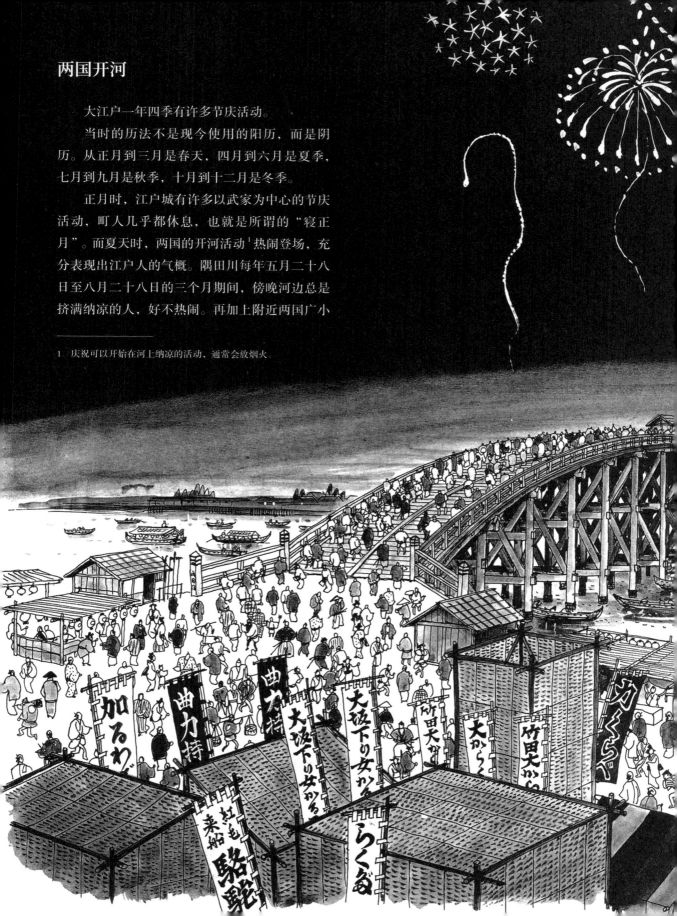

两国开河

大江户一年四季有许多节庆活动。

当时的历法不是现今使用的阳历，而是阴历。从正月到三月是春天，四月到六月是夏季，七月到九月是秋季，十月到十二月是冬季。

正月时，江户城有许多以武家为中心的节庆活动，町人几乎都休息，也就是所谓的"寝正月"。而夏天时，两国的开河活动[1]热闹登场，充分表现出江户人的气概。隅田川每年五月二十八日至八月二十八日的三个月期间，傍晚河边总是挤满纳凉的人，好不热闹。再加上附近两国广小

1　庆祝可以开始在河上纳凉的活动，通常会放烟火。

路是繁华街区，这一带通常是人满为患。纳凉的第一天被称为两国开河。

开河少不了烟火。1670年（宽文十年）开始放烟火，之后的每一年烟火都会热闹登场。键屋和玉屋的烟火师分别负责两国桥两侧的区域，在上游和下游施放烟火。

河面上的屋形船和两岸鳞次栉比的料理茶室的看台上，无不挤满欣赏烟火的武士和町人。桥上和河岸道路上，也挤满住在里长屋的居民。每当烟火升上天空，就会听到"玉屋！键屋！"的欢呼声。垂柳、线樱、牡丹和白菊在夜空中绽放，那稍纵即逝的风情，营造出华丽而伤感的氛围，令江户人进入忘我的境界，沉浸在夏天的解放感中。

大相扑和街头艺人

相扑和杂技表演也为大江户的都市生活增色不少。相扑以前是在宫中举行的赛事之一，被称为相扑节会。到了战国时代，织田信长很喜欢相扑，于是在安土城下举办比赛。在江户时代，寺庙和神社为了募集捐款而进行的劝进相扑盛行起来。

18世纪中叶后，每年的春天和秋天都在同一场地举行十天的相扑比赛。起初是在深川八幡社内举办，其后逐渐转移至两国回向院。1833年（天保四年）以后，回向院成为举办相扑比赛的固定场所。

谷风和小野川成为横纲[1]时，江户相扑迎来了黄金时代。1789年（宽政元年）十一月的比赛中，天下第一的力士被称为"E下开山"，也就是日后的横纲。之后，大力士雷电的出现让相扑越来越受欢迎，相扑渐渐成为人们口中的"大相扑"。

除了大相扑以外，杂技表演也越发盛行。两国广小路、浅草奥山、上野山下，以及深川八幡社等热闹地区都会搭建小屋，也就是收费表演的表演屋（日文称之为见世物小屋）。

杂技表演大致分为三种。一种是魔术、奇术、杂技等技艺或武术的表演。第二种是展示大象、骆驼、老虎等珍奇动物，以及珍奇植物或奇人。第三种是展示机关人偶、仿真人偶、编织篮子、加工玻璃等细腻的手工艺品。除此之外，还有演讲或窥视箱[2]。最受欢迎的是女大力士、马戏和走钢丝等表演。马路上的表演者被称为"街头艺人"[3]，最有名的是浅草奥山（观音堂后方）的松井源水在观众的团团包围下表演的陀螺技艺。

人们还聚集在一起欣赏街头巷尾的町人表演。这种专门表演音乐、特技、魔术和舞蹈的地方名为"寄席"[4]。18世纪后半叶，落语也很流行。到了1820年代，江户市中已出现125家"寄席"。这一类表演不同于戏剧，它们可以在晚上演出，民众能轻松欣赏，于是它们成为流传至今的大众表演。

1　横纲是相扑力士资格的最高级。——编者注
2　在箱子上挖洞装上放大镜，供人观看箱内的图片。
3　日文称为大道芸。
4　杂技场。

过三间（约 5.9 米），所以大剧场会有柱子挡住看台观众的视野。勘兵卫以 14 根三间梁组合的方式解决了这个问题。1856 年（安政三年），应用这种新结构建成的市村座，在大江户深受好评。

深受江户人喜爱的戏剧从清晨七点开始上演，到傍晚五点左右，足足表演 10 个小时。当时禁止夜间表演，因此想要从清晨看表演的人，必须前一晚开始准备。从外地来的乡下人，或住在江户亲戚家，或是住在戏剧茶屋，须花费不少钱。

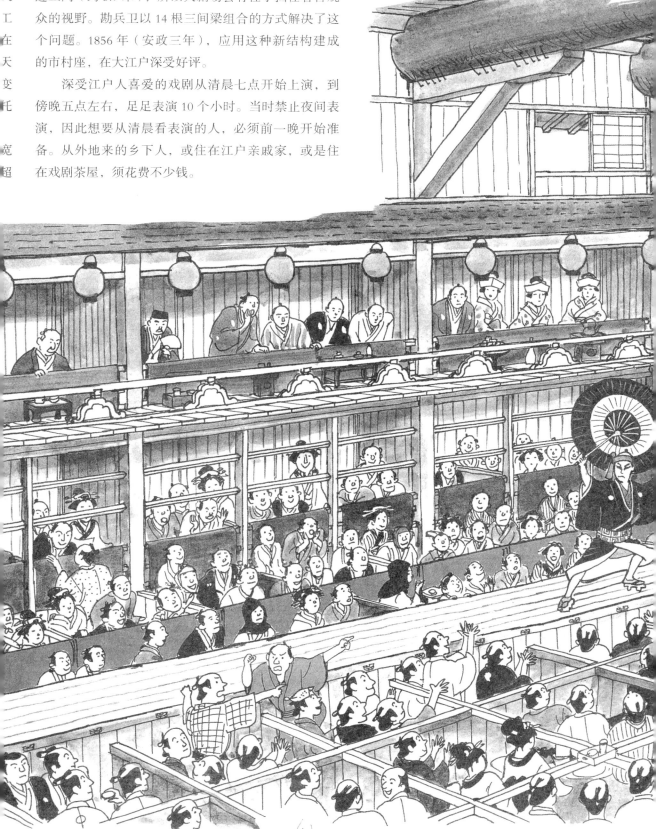

进入 19 世纪（文化、文政年间）后，大量使用"外连（使用道具迅速转换角色的技巧）"手法的戏剧陆续出现，为观众增添了许多戏剧乐趣。鹤屋南北的名作《东海道四谷怪谈》，栩栩如生地表现了残忍的杀戮场面，广获好评。在天保改革后，戏剧表演转移到浅草的偏僻地区猿若町，但戏剧仍呈现进一步发展的趋势。

负责小型道具、舞台假发和长歌三味线的舞台幕后工作人员，支持着戏剧的发展。此外，做大型道具的长谷川勘兵卫的功绩也不容忽视。第一代长谷川勘

兵卫曾经是"堂宫大工"（负责建造寺庙和宫殿的木匠师），明历大火后他开始制作大型道具，这一作代代相传，他们设计了许多巧妙的机关。尤其是舞台和看台之间设置的大屋顶，让演员即使在下雨也可照常演戏。同时，他们还设计了"唐家体龛灯化"[1] "山门金阁三重上推"和"引屋体"[2]等机关，衬着名演员的舞台表演，越发引起世人的兴趣。

第十二代勘兵卫创造了"龟甲梁"这种大幅面的剧场结构。由于幕府的限制，建筑物的面宽不能

1 　一种快速换布景的手法。
2 　利用机关让房子瞬间倒塌的手法。

参观戏剧表演

从外地来到江户的观光客，最向往的就是观赏歌舞伎表演。

1714 年（正德四年），山村座因为绘岛、生岛事件关门大吉，只剩下堺町的中村座、茸屋町的市村座和木挽町的森田座——也就是"江户三座"继续表演。

剧院会和演员签一年的合约。每年新签约的演员会在十一月一日第一天的"颜见世狂言"演出中亮相。这场"颜见世"和翌年正月的表演，决定了观众如何评价这一年的表演，因此，每家剧院都铆足了劲儿。

18 世纪后半叶，江户的歌舞伎已出现第七代团十郎、第三代尾上菊五郎、第五代岩井半四郎、第三代坂东三津五郎等著名演员，呈现前所未有的繁荣景象。第七代团十郎以《助六》等作为"歌舞伎十八番"的上演剧目，据说薪水高达一千两，也有人说是两千两，他成为所谓的"千两演员"。

火の用心

二八荞麦面

蒲烧

天妇罗

料理茶屋与荞麦屋

　　1790 年（宽政二年）之后，多家使用江户港的鱼做料理的"江户前"料理茶屋（料亭）在江户各处开张。相较于上方的清淡口味，幕府开府之后，江户人比较喜欢咸味较重的口味。在受到上方影响的同时，他们创造出江户特有的味道：江户前料理。

　　其中，浅草山谷的"八百善"以及深川的"平清"十分出名，两家料理店分别以会席料理（将茶道的怀石料理设计成聚会料理）和鲷鱼料理为特色。由于店家从特别的产地购买当季食材，雇用精心挑选的厨师，所以料理价格十分昂贵，是一般大众无缘享用的高级料理。

　　江户有许多单身前来的武士和商人，因此出现了以大众为服务对象的小料理店。寿司、蒲烧鳗鱼、天妇罗和荞麦面等很适合在小饭馆和路边摊轻松食用，深受一般民众喜爱。江户名产"二八荞麦面"是最典型的代表，它使用八份荞麦粉和两份面粉调配而成，故得此名。一碗荞麦面的价格是十六文，连落语都以比为题材。荞麦面摊可以被轻松拉到各个角落做生意，即使在半夜也可以吃到荞麦面，因比有"不夜荞麦"的说法。江户人既能轻松享用便宜的荞麦面，又会花大价钱抢吃"新上市的鲣鱼"，这种像小孩子般的心情不是很可爱吗？

豆皮寿司

凉粉

新吉原和冈场所

明历大火后，"吉原"迁移到浅草寺后方的农田中央，被称为"新吉原"，以前的则被称为"元吉原"，以示区别。新吉原的规模是元吉原的 1.5 倍，即东西横跨三町（约 354.6 米）。由于从市区转移到偏远处，新吉原获得一万五千两的转移费；以前只能在白天营业，现在可以营业到晚上。同时，新吉原将之前分散在市区的 200 多家公共澡堂聚集起来，纳入其中。

去新吉原，可以骑马或坐轿子到日本堤的"土手八丁"。推开大门，即使在夜晚，也可看到一个花街柳巷的不夜城。途中有一家"手工编制斗笠茶屋"，不好意思堂而皇之走进大门的人，会在这里买一顶斗笠戴在头上。一走进大门，中央是一条南北方向的笔直大道，右侧分别为江户町一丁目、扬屋町、京町一丁目，左侧分别是伏见町、江户町二丁目、堺町、角町、京町二丁

目，街旁都是两层的扬屋和游女屋[1]。

所谓扬屋，是邀太夫[2]同玩的地方。扬屋建造得十分豪华，可媲美大名的宅第。到扬屋消费的人不仅要很有钱，而且必须是精通此道的"通人"。纪国屋文左卫门和奈良屋茂左卫门都是元禄时代的"通人"。18世纪中期，藏前的18名札差就是非常有名的"十八大通"。

然而，格调太高的扬屋在1760年（宝历十年）以后逐渐没落，取而代之的是一些可以轻松玩乐的引手茶屋[3]。未经幕府许可的地下游女屋也日益增加，这些地方被称为"冈场所"。包括品川、千住、板桥、内藤新宿等地的驿站街在内，最多的时候，大江户市中有70家冈场所。其中，以深川最繁荣。不同于在新吉原，客人在这里可以玩得很轻松，即使它们经常遭到官方取缔，其数量也不减，反而更吸引江户人。

---

1 此处游女指妓女。
2 太夫是对最高等级的游女的称呼。
3 为客人介绍娼妓的茶屋。

从锦绘美人图到漫画

新吉原这种妓院集中的地方，以及有歌舞伎表演的热闹地区，都是败坏风俗的"不良场所"，随时受到幕府监视。但这些不良场所的流行风俗又强烈吸引着江户人，使他们想尽早了解其中内幕。

不同于幕府御用的狩野派画家，町人画师可以自由地描绘不良场所的风光，一般称之为"浮世绘"。明历大火后，菱川师宣开始创作浮世绘。他从当时江户市民熟悉的绘本中获得灵感，在单色印刷的版画中加入红色和绿色，终于在1765年（明和二年）设计出多色印刷的锦绘[1]。画师先画好原画，再由雕刻师刻出不同颜色的版木，最后由印刷师着手印刷，于是市面上出现了大量便

1　指多色印刷的浮世绘版画。

海道四谷怪谈》等受欢迎的
狂言上演时，歌川丰国及其弟
子国贞的浮世绘也逐渐闯出了
名气。

除了"美人图"和"役者
绘"以外，描绘风景优美的游
乐胜地的"名所绘"也逐渐受
到市民喜爱。葛饰北斋的《富
岳三十六景》最具代表性。在各
地的旅行热潮下，安藤广重的名作
《东海道五十三次》也诞生了。北斋还搜集许多
奇特主题，从趣味横生的角度描绘幕末的世态，
推动漫画的普及。这就是所谓的《北斋漫画》，
从1814年（文化十一年）初编发行后，一直到明
治时代才完结。

这些大量印刷的浮世绘作品，在19世纪中
叶的西洋受到极高评价。法国的印象派画家纷纷
学习这种新的画法，浮世绘成为马奈、德加、莫
奈、高更和凡·高等优秀近代画家的模仿对象。

宜且漂亮的浮世绘。江户市民竞相购买铃木春信
和喜多川歌麿绘制的新吉原"美人图"。这种美
人图有点儿像现在的明星照。

描绘歌舞伎演员出色表演的浮世绘也十分流
行。东洲斋写乐所画的"役者绘"[1]上，深受好评
的演员穿着华丽服装的模样，受到市民的高度称
赞。市松染[2]是最好的例子。当鹤屋南北的《东

---

1 即演员画。
2 知名演员佐野川市松在《盐屋判官古乡锦》中穿着紫白方格的舞台服装（另一种说法是在《高野心中》穿着久米之介的裙裤），大受好
  评，而有"市松染"一名。

兰学事始

第八代将军吉宗在享保改革时，为了推动各种产业发展，很重视实用的学问，同时他也对西洋科学知识和技术产生极大兴趣，开放除了基督教相关书籍以外的其他外语书的进口，并命令青木昆阳和野吕元丈学习荷兰语。这就是兰学的开端。

青木昆阳著有《和兰文字略考》，野吕元丈著有《阿兰陀本草和解》。本草学是研究药用植物、动物和矿物的学问。学习本草学的田村蓝水和平贺源内，致力于朝鲜人参的栽培。1757年（宝历七年）以降，江户经常举行物产会（药品展示会）。平贺源内更进行静电实验，在江户引起热议。

1771年（明和八年），杉田玄白和前野良泽等人在江户小塚原参与尸体解剖，在三年后出版著名的《解体新书》。杉田玄白在《兰学事始》一书中记述了翻译过程中的辛苦和经验，他们也从那时开始了对西洋医学的正式研究。

兰学的引进对绘画世界也产生了影响。比如描绘花鸟草木时画家更加追求科学精确，此外受到透视法影响的荷兰异国风情画，让西洋画的技法逐渐在日本生根。司马江汉致力于研究铜版画，大约在1780年（安永九年），更热衷于绘制油画。同时，司马江汉还研究天文学、地理学，是日本首位提倡地动说的学者。

透视法为浮世绘画师提供了参考。奥村政信运用这种增加了立体感的方法，设计出"浮绘"。当时在繁华街区很受欢迎的窥视箱，也是基于相同原理制作的。

平贺源内的静电实验

司马江汉所画的御茶水风景，利用透视法表现远近的感觉

观摩尸体解剖的杉田玄白和前野良泽

流行神

　　在西洋科学逐渐推广的同时，江户自古以来信仰神佛、祈求灵验的习俗依然活跃。比如，有助于治疗眼疾的神明（茶树稻荷）、治疗头痛的神明（高尾稻荷）等都是民众信仰的对象。

　　不仅如此，人们还认为许多极其平常的地方也有神明存在。比方说，向京桥的栏杆许愿可以治好头痛，日本桥的栏杆对百日咳有效，患有脚气病的人可以去摸町中大木门的铁环……这些都成为人们的信仰。只要一听说类似的消息，人们便立刻口口相传；一旦发现并不灵验，又很快将这些神抛诸脑后，因此这类神被称为"流行神"。除了求神治疗疾病，人们还祈求平步青云、儿女乖巧和求子等，这些都和町人的日常生活息息相关，神灵是追求现世利益的平民百姓内心虚幻的期待。

　　有趣的是，日本还有所谓的贫穷神。小石川牛天神祠堂内的贫穷神，可使人免于遭受贫穷，来参拜的人

石川岛

富士

高桥

目黑不动堂

铁砲洲稲荷的人工富士

稲荷社

稲荷桥

八丁堀

络绎不绝。曾经有一名贫穷的旗本把贫穷神画下来，在家里祭拜，每天供奉神酒。后来这位旗本的生活逐渐富裕起来，这个消息很快就传开了。说穿了这都是一些无聊的事情，不过因为江户人喜爱凑热闹，才成了话题而已。

说到凑热闹，当时也很流行"全国灵场巡礼"。因时间和金钱不够充裕而无法参加巡礼的人，会前往本所的罗汉寺"荣螺堂"。荣螺堂内部有像荣螺一样呈螺旋状的阶梯，参拜者沿着阶梯而上，可以参拜秩父、坂东、西国札所等地的百尊观音仿制像。最后来到三楼，从这里眺望江东一带，风景十分漂亮，民众在参拜之际也可以欣赏风景。

基于对富士山的信仰，当时也很流行爬富士山。富士灵峰被认为是神佛居住的极乐净土，因此许多人存了钱，组团登上富士山。没钱的人则登上市区各地寺社的人工富士，以获得一种自我满足。

罗汉寺的荣螺堂

浮世澡堂和浮世理发馆

大江户的一天在早晨悠闲的叫卖声中拉开序幕。清晨六点左右，町内的钱汤开始营业，里面挤满了想在早餐前晨浴和悠闲泡澡的老年人。洗澡的费用很便宜，大人六文，小孩四文，澡堂一直营业到晚上六点为止。

江户的水井很少，为了安全防火，即使是较

大的商家也没有浴室。因此，钱汤的生意格外兴隆，后来它被称为"浮世澡堂"，发展成江户人休憩的场所。

当时男女混浴并不稀奇，有些町的钱汤会分出男汤日和女汤日。直到1791年（宽政三年），幕府禁止男女混浴，才出现男汤、女汤分列两侧的钱汤。只有男汤会在二楼设置休息室，洗完澡的客人一边喝茶一边下围棋或将棋[1]，好好休息一下。到了1810年（文化七年），"府内汤屋十组"[2]

成立，总计出现了523家澡堂。

理发店也是江户人经常出入的地方，设置在市中的日本桥、常盘桥、浅草见付、筋违见付、高轮车町、曲町六个地方的"高札场"旁，兼顾高札场的管理工作。和今天的美容院、理发店一样，发型是分性别、身份和职业的，此外还要结合流行的趋势。这些理发店组成行会来营业，但也有理发师不参加工会组织，而且这样的理发师经营的店渐渐增加，成为所谓的"浮世理发馆"。

---

1 日本象棋。
2 汤屋十组，也被称为"十番组汤屋"，是被幕府承认的行会组织。——编者注

大江户的交通问题

江户的马路在城市规划时，就比其他城下町宽敞。但在明历大火后，江户发展成为大型都市，马路显得十分拥挤。交通工具的普及，当然是造成交通问题最直接的原因。

幕府在1662年（宽文二年）规定，除了50岁以上的町人男子、病人、女人、小孩、医生和僧侣以外，其他人禁止使用轿子。1674年（延宝二年），若未经许可乘坐轿子，不仅乘坐者会受罚，轿主和抬轿者也会受到处罚。但随着町人的经济能力超过武士，实际上根据身份来区别对

待是无法做到的。1681年（天和元年），町人终于被允许搭乘小型轿子，这一现象迅速普及。在1700年（元禄十三年），已有300顶受认可的出租轿子，1726年（享保十一年），幕府不再限制轿子的数量。这种轿子就是今日出租车的前身。

各种各样的生活物资都是使用大八车来运输的。幕府开府时，曾使用地车（牛车），就是用牛拉的四轮车，但它不够灵活，两轮的大八车由此普及。

另外，马车会妨碍路人的通行。因此当时严禁将马车停在马路上，一定要有马夫站在旁边才行，而且不允许有两驾马车并行在马路上。1716年（享保元年）以后，如果发生车子或马不慎轧死路人的情况，必须处以责任人流放或更重的刑责。可见东京的交通问题有多么悠久的历史。

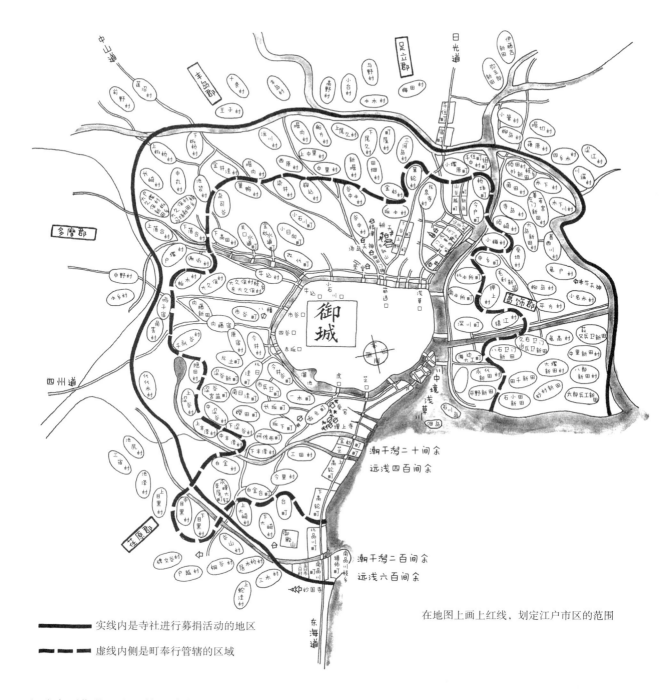

実線内是寺社进行募捐活动的地区

虚线内侧是町奉行管辖的区域

在地图上画上红线，划定江户市区的范围

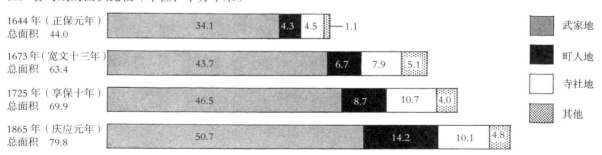

江户各时期的面积比较（单位：平方千米）

1644 年（正保元年）
总面积 44.0

| 34.1 | 4.3 | 4.5 | 1.1 |

1673 年（宽文十三年）
总面积 63.4

| 43.7 | 6.7 | 7.9 | 5.1 |

1725 年（享保十年）
总面积 69.9

| 46.5 | 8.7 | 10.7 | 4.0 |

1865 年（庆应元年）
总面积 79.8

| 50.7 | 14.2 | 10.1 | 4.8 |

武家地

町人地

寺社地

其他

市区的界定

作为"御府内"的大江户市区不断向外扩张，但仍被称为"四里四方"。以江户城为中心，半径8千米以内都属于大江户。

幕府并没有正式规定御府内的范围。正如俗话所说的，"兼安（位于本乡三丁目的杂货店）以内都是江户"，人们对江户的边界界定十分暧昧。18世纪以降，都市问题层出不穷，有关人员搜查和驱逐犯罪者时，需要明确的市区的范围界定。1818年（文政元年），评定所[1]在地图上用红笔画出以下城市边界。

东界：砂村、龟户、木下川、须田村。

南界：上大崎村、南品川宿。

西界：代代木村、角筈村、户塚村、上落合村。

北界：千住、尾久村、泷野川、板桥。

现今的千代田、中央区、港区、新宿、文京、台东、墨田、江东、涩谷、丰岛、荒川，以及品川、目黑、北区和板桥的一部分都属于江户市区。

除了行政划分以外，还原江户时代各个时期发行的江户图，可了解市区的实际范围。根据这些地图我们可以发现，在幕府末期之前，市区不断扩大，甚至达到79.8平方千米。其他城下町从17世纪中期开始没有太大变化，全国城下町的平均面积只有2平方千米，江户的面积是其他城下町的近40倍，可见江户有多么特别。

从扩展面积来看，寺社地面积几乎维持不变，武家地和町人地的面积不断增加。从与整个市区的比例来看，武家地的比例不断减少，町人地的比例明显增加，由此可见，作为武家之都的大江户，町人人口增长是多么迅速。

在元禄时代，江户町数已达808町，到了1745年（延享二年），寺社门前也变成町人地，町数快速增加到1678町。之后，随着耐火建筑的普及，市中原本的防火地和广小路被废除，变成了新町，使得町数进一步增加。到了1843年（天保十四年），最终增至1719町，由此可一窥町人无穷无尽的活力。

---

1 江户幕府的最高司法机关。

品川

内藤新宿

江户四宿的发达

从"四里四方"的大江户到外地，必须经过四大宿场町¹，即品川、内藤新宿、板桥、千住。这四个地方都距离日本桥二里（约8千米）左右，是大型都市周边的繁华街区，被称为"江户四宿"。

其中，作为东海道第一宿的品川因聚集众多往来京都、大阪的旅客，生意最为兴隆。1843年（天保十四年），大名住宿的本阵一轩、胁本阵二轩以及93幢一般旅馆沿海而建，总计有1561家，人口达6890人，足以匹敌外地的城下町。

1　宿场，也称宿驿，是为了住驿系统所需而设立的，相当于今天的公路服务区。以宿场为中心形成的街町被称作宿场町。

板桥

千住

1698 年（元禄十一年），在甲州道中和青梅街道的交叉口，开设了甲州道中第一宿的内藤新宿。由于它是四大宿场中最新的宿场，加上信州（长野县）的高远藩主内藤家的下屋敷就在附近，故取此名。内藤新宿于 1718 年（享保三年）遭到废止，但在 1772 年（明和九年）恢复，成为大江户西郊的繁华街区，热闹程度仅次于品川。

中山道第一宿板桥和日光道中第一宿千住，也因东山道、北陆道和奥州道一带藩地的大名参勤交代而变得十分繁荣。比起荒川上（北）、下（南）的两大宿场，千住也是隅田川下游的起点，往来于本所、深川的游客众多，使这里十分热闹。

江户四宿的旅馆可以有"饭盛女"（妓女），幕府视之为准新吉原。由于它们位于郊区的欢乐街，许多人还特地从市区前往。

超高密度社会

19世纪初,大江户人口数量已超过130万,即将达到140万。其中,武家地有50万—70万人,寺社地有5万—6万人,町人地有55万—65万人。

幕府自1721年(享保六年)开始进行人口调查,当时,大江户人口数量已达130万。欧洲第一大都市伦敦到了1801年才好不容易达到85万人,因此,当时的江户已成为世界第一的大型都市。

若将江户的人口估计为:武家地65万人,寺社地5万人,町人地60万人,总计130万人,则1725年每平方千米的人口密度如图表所示。与1980年(昭和五十五年)的国情调查相比,占江户整个市区面积66.4%的武家地,相当于港区办公街的人口密度;占15.4%的寺社地,相当于郊区都市多摩市的人口密度;只占整个江户面积12.5%的町人地,人口密度是目前日本人口密度最大的丰岛区的3.1倍。当然,当时没有现代这种高层公寓,大家生活在里长屋的平房内,还真是令人喘不过气的超高密度社会。

这些里长屋集中在日本桥和神田后方的陋巷里,以及浅草、赤坂、芝等地。18世纪末以后,江户贫民窟数量急速增加,来自关东地区和信州(长野县)的打工者个个都是"无壳蜗牛",只能租屋而居。

有名的俳人小林一茶也是"无壳蜗牛"。他出生于信州柏原的农家,3岁丧母,1778年(安永七年)15岁开始到1802年(享和二年)的二十四年间,都在江户过着贫困的生活。

无壳蜗牛　也要迎接江户的元旦
——小林一茶

江户和现在东京的人口密度比较　👤=1000人

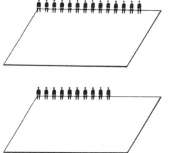

1725年(享保十年)
江户全市
18 590人/km²
(面积=69.93km²
人口=130万人)

1980年(昭和五十五年)
东京都区部
14 109人/km²
(面积=591.94km²
人口=8 351 893万人)

武家地
13 988人/km²
(面积=46.47km²
人口=65万人)

港区
10 331人/km²
(面积=19.48km²
人口=201 257人)

町人地
68 807 人 /km²
（面积 =8.72km²
人口 =60 万人）

寺社地
4 655 人 /km²
（面积 =10.74km²
人口 =5 万人）

丰岛区
22 185 人 /km²
（面积 =13.01km²
人口 =288 626 人）

多摩市
4 606 人 /km²
（面积 =20.68km²
人口 =95 248 人）

都市犯罪的发生

有些贫穷的"无壳蜗牛"是"坏蛋"或"违法乱纪者",他们赌博、放火、偷窃,破坏治安。"快盗"鼠小僧次郎吉虽是个坏蛋,却很受民众欢迎。他潜入戒备森严的大名宅第大捞一票,然后毫不吝啬地分给贫民窟的穷苦人家。

贫民窟被称为"各领国的垃圾箱",环境不卫生,导致传染病流行。感冒、麻疹、天花、霍乱在贫民窟内蔓延。1858年(安政五年)的霍乱大流行,造成极大危害。人一旦感染霍乱,三天就一命呜呼,因此,霍乱又有"三天翘辫子病"一名。当时,人们还不知道霍乱的预防和治疗方法,只能念咒语或祈祷,于是开始相信流行神。许多家庭全家丧命,据说这场霍乱造成的死亡人数在5万—10万之间。公共浴室和理发店门可罗雀,被死神盯上的市民惶惶不可终日。著名的浮世绘师安藤广重和剧作家(洒落本作家)山东京传也没能逃过这场劫难。

1858年江户还爆发了天花。伊东玄朴等人学习西洋医术,在神田玉池设置天花疫苗接种站。但在当时的迷信社会,很少人去接种,效果微乎其微。

1858年的霍乱大流行夺去不少江户市民的生命

做恶者破坏江户的治安

黑船来航

1853年（嘉永六年）六月三日，美国将领佩里率领四艘军舰停靠在浦贺港。

有一首狂歌写道：

太平盛世　夜半惊醒　正喜撰
只有四杯　夜不成眠

"正喜撰"是一种优质茶的品牌，据说只要喝了这种茶，就会兴奋得夜不成眠，这首狂歌以茶名代指"蒸汽船"[1]，形容幕府官员因为四艘军舰的出现而惊慌失措的样子。

四艘军舰被涂得黑漆漆的。在所谓的"黑船"上配备着大炮，不知何时会喷出火来，令人毛骨悚然。快马[2]立刻奔赴江户通风报信。这个消息很快传开，江户市立刻陷入一片混乱，人们担心随时会和外国开战，甚至有人把家当装上大八车，将老人和儿童疏散到郊外。武士争先恐后购买武器，东奔西跑，整个大江户都处于混乱状态。

1　日语的"正喜撰"和"蒸汽船"发音相同。
2　日文写作早馬，是古代报急的信使所乘的马，用来指信使。——编者注

幕府计划在品川港建立炮台台场

佩里是来逼迫幕府开国的。九日，在各藩武士严密的戒备下，他率领 300 名海军在久里滨登陆，把美国总统菲尔莫尔（Millard Fillmore）致日本国皇帝（将军）的国书交给浦贺奉行。

当时，佩里虽一度离开，但在翌年 1854 年正月十一日再度来航。这次，黑船直闯江户湾，停靠在羽田港，让江户市民大吃一惊。

措手不及的幕府终于同意在神奈川宿（东海道）偏僻的横滨村展开交涉。经过几次会谈，于三月三日缔结《日美和亲条约》，日本决定在下田和函馆开港。德川幕府持续两百多年的锁国政策就这么轻而易举地被打破了。

为了预防黑船再度造访，幕府运用西洋筑城术，在品川港建造炮台。这就是所谓的"台场"。当初计划造 11 座炮台，由十分了解西洋兵术的山代官江川英龙指挥，日夜赶工建造，但还没有完成，《日美和亲条约》就已缔结。结果，只建造了第一、二、三、五、六号台场，计划就宣告结束了。

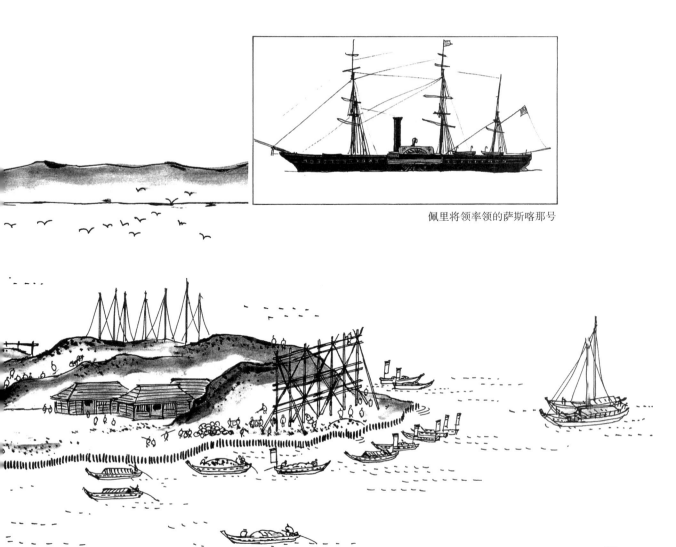

佩里将领率领的萨斯喀那号

安政大地震

1854年（嘉永七年）是多灾多难的一年。十一月五日，关东地区发生里氏8.4级的大地震。海啸冲击了从房总半岛到九州岛的沿岸，造成了无法估量的损失。1923年的关东大地震是里氏7.9级，可见当时真的是天摇地动。

1855年（安政二年）十月，大江户居民又经历了不可思议的体验。市区内各处地下水上涌，不时传来地鸣，暗夜的天空时不时出现闪光，人们惊恐不已，很怕会突然蹦出魑魅魍魉。

二日的晚上，大地突然上下摇动起来，天空好像吹起狂风般呼呼作响，坚固而厚实的"土藏造"房子应声而倒。这场上下震动的大地震袭击了超高密度的大江户市，震源就在江户港。以现在地震学的推测，应该有里氏6.9级。

江户下町是填海而成的，地基松软，因此损失惨重。光是町人地就有14000幢房屋倒塌，有4000人被压在瓦砾堆中丧生。在地基坚硬的山手武家地，也有许多房子倒塌，水户藩的著名儒学家藤田东湖也被压死。地震后，当地多处发生火灾，连对大火司空见惯的江户人都以为世界末日到了。

灾难并没有就此结束。在安政大地震后，关东地区下起了倾盆大雨。隅田川泛滥成灾，深川一带也发生大洪水。人们认为一定是世道太不公平，所以遭到了上天的惩罚。

这场地震和洪水的情况，很快通过报纸和彩色浮世绘传到全国各地。自古以来，人们就认为地震是住在地底的鲇鱼苏醒造成的。陷入不安的江户市民纷纷购买"鲇绘"。人们前往鹿岛神社祈祷，希望用沉重的大拱心石镇住发飙的鲇鱼。

不久之后，画师把恶劣的商人比喻成地震鲇，把他们画成"鲇男"。画中的鲇男不断从肚子里吐出钱币。这些画很受贫穷的里长屋居民欢迎。坚强的江户人渐渐认为大地震象征着恶世结束、新世界来临，也就是"社会变革"的标志。

市区动乱

  1858 年（安政五年）六月十九日，大老[1]井伊直弼签订了《日美修好通商条约》（不平等条约）。翌年，横滨港设立，开始和外国进行贸易。

  横滨距离江户很近，发展势头即刻超越了江户初期的贸易港长崎。这里外国的商馆和银行林立，三井等江户的大店也在此设立分店。

---

1 江户幕府中职位大于老中的最高职称。

　国际贸易使日本国内各种生活物资出现不足，导致物价上涨。遑论一般平民百姓，就连下级武士的生活也越来越艰难。幕府终于在1862年（文久二年）放松了参勤交代制，允许大名的妻子、儿女回到故乡，但这反而使江户市中更加冷清。同时，推翻幕府的"尊皇攘夷"运动日益激烈。于是，幕府在1864年（元治元年）征伐这项运动的据点长州（山口县）。

　翌年，幕府为了准备再度征伐长州，购买大量米粮等生活物资。江户的物价益见高涨，市内弥漫着不安的气氛。终于，街道处处可见吁吁捣毁幕府的海报。

　"捣毁幕府"行动终于在品川宿展开。聚集的群众纷纷喊着"社会变革"的口号，接二连三攻击米店、当铺、酒店，以及靠日常贸易大捞一票的舶来品批发店。这项大江户捣毁运动扩散到芝、牛込、四谷、麻布、赤坂、神田、灵岩岛、本所，几乎覆盖整个江户市区，民众长期压抑的不满情绪终于爆发了。

1868 年（明治元年）十月，明治天皇从吴服桥经由和田仓门进入江户城

让出江户城

　　"社会变革"运动推翻了持续三百年的德川幕府。在 1867 年（庆应三年）十月，德川庆喜宣布将政权归还天皇，也就是"大政奉还"。

　　源自东海地区的民众运动——"有啥不好"狂乱舞踊活动蔓延到京都和江户。同时，江户城二丸起火燃烧。翌年正月，鸟羽、伏见之战中萨摩（鹿儿岛县）、长州、土佐（高知县）的各藩组成倒幕军打败幕府军，向第十五代（末代）将军德川庆喜发出追讨令。

在天皇的命令下，倒幕军（官军）向"将军麾下"的大江户出发。他们举着锦御旗[1]，从东海道出发征伐，唱着："天皇啊天皇，马的前方，迎风飘扬的是什么，那是征伐朝廷敌人的锦御旗，你不知道吗？彻底讨伐，彻底讨伐。"

到了三月，倒幕军终于发出向江户城发起总攻的命令。在此之前，将军庆喜已离开江户城，躲进上野宽永寺，但仍有彰义队对抗官军，大江户不知何时会变成战场。于是，代表幕府军的胜海舟与官军统帅西乡隆盛达成协议，前者答应在和平的情况下交出江户城。

"江户"也趁机改名为"东京"。从1868年七月十三日的诏书中我们无法得知它到底该读"tokyo"还是"tokei"。九月"一世一元制"被确立，日本改元"明治"。同年十月，明治天皇移驾东京，江户城改作皇城。

自德川家康入主历经三百年发展的江户，在改名东京二十年后的1888年（明治二十一年），模仿拿破仑三世的都市规划，努力使自己成为符合"帝都"身份的近代城市。

---

1 色彩鲜艳的皇旗。

参考文献

关于江户，尤其是幕末江户的研究书籍，数量十分庞大。在本书的制作过程中，作者参考了无数的文献资料。以下主要介绍一般书籍和特殊研究领域的专业书。

岡部精一　著『東京奠都の真相』一九一七年　仁友社

後藤新平　著『江戸の自治制』一九二二年　二松堂書店

九鬼周造　著『いきの構造』一九三〇年　岩波書店

李家正文　著『厠考』一九三二年　六文館

幸田成友　著『江戸と大阪』一九三四年　冨山房

竹内芳太郎　著『日本劇場図史』一九三五年　壬生書院

三田村鳶魚　著『江戸の風俗』一九四一年　大東出版社

城戸久　著『先賢と遺宅』一九四二年　那珂書店

城戸久　著『藩学建築』一九四五年　養徳社

大熊喜邦　著『江戸建築叢話』一九四七年　東亜出版社

東京都　編『都史紀要二・市中取締沿革・明治初年の警察』
　一九五四年　東京都

東京都　編『江戸の発達』一九五六年　東京都

須田敦夫　著『日本劇場史の研究』一九五七年　相模書房

野村兼太郎　著『江戸』一九五八年　至文堂

稲垣史生　編『江戸生活事典』一九五九年　青蛙房

吉田好彰　監製『木場の歴史』一九五九年　森林資源総合対策協
　議会グリーン・エージ編輯室

石川謙　著『寺子屋』　一九六〇年　至文堂

藤口透吾　著『江戸火消年代記』一九六二年　創思社

渡辺実　著『日本食生活史』一九六四年　吉川弘文館

高橋誠一郎　著『日本の美術 22　江戸の浮世絵師』一九六四年

　　平凡社

伊藤ていじ　著『日本の美術21　民家』　一九六五年　平凡社

岸井良衛　編『江戸・町づくし稿』一九六五年　青蛙房

鈴木棠三、朝倉治彦　校註『江戸名所図絵』　一九六六年　角川書店

内藤昌　著『江戸と江戸城』一九六六年　鹿島出版会

石井良助　著『吉原』一九六七年　中央公論社

高尾一彦　著『近世の庶民文化』一九六八年　岩波書店

石井良助　編『江戸町方の制度』一九六八年　人物往来社

南和男　著『江戸の社会構造』一九六九年　塙書房

太田博太郎　編『住宅近代史』一九六九年　雄山閣出版

中野栄三　著『銭湯の歴史』一九七〇年　雄山閣

宮田登　著『近世の流行神』一九七二年　評論社

諏訪春雄、内藤昌　著『江戸図屏風』一九七二年　毎日新聞社

全國公衆浴場業環境衛生同業組合連合会　編『公衆浴場史』
　　一九七二年　全國公衆浴場業環境衛生同業組合連合会

草森紳一　著『江戸のデザイン』一九七二年　駸々堂出版

小野武雄　編『江戸の歳事風俗誌』一九七三年　展望社

宮尾しげを、木村仙秀　著『江戸庶民街芸風俗誌』　一九七四年
　　展望社

西山松之助、吉原健一郎　編『江戸時代図誌──江戸一』
　　一九七五年　筑摩書房

西山松之助、芳賀登　編『江戸三百年1』　一九七五年　講談社

西山松之助、竹内誠　編『江戸三百年2』　一九七五年　講談社

秋永芳郎　著『木場の歴史』一九七五年　新人物往来社

佐瀬恒、矢部三千法　著『江戸の諸職風俗誌』一九七五年　展望社

西山松之助、小木新造　編『江戸三百年3』　一九七六年　講談社

林屋辰三郎　編『化政文化の研究』一九七六年　岩波書店

西山松之助、竹内誠　編『江戸時代図誌──江戸二』一九七六年
　　筑摩書房

暉峻康隆　著『元禄の演出者たち』一九七六年　朝日新聞社

小野武雄　著『豪福商人風俗誌』一九七六年　展望社

西山松之助、宮田登　編『江戸時代図誌──江戸三』一九七七年
　　筑摩書房

今田洋三　著『江戸の本屋さん』一九七七年　日本放送出版協会

太石慎三郎　著『江戸時代』一九七七年　中央公論社

水江漣子　著『江戸市中形成史の研究』一九七七年　弘文堂

黒木喬　著『明暦の大火』一九七七年　講談社

圭室文雄、宮田登　著『庶民信仰の幻想』一九七七年　毎日新聞社

西垣晴次　著『神々と民衆運動』一九七七年　毎日新聞社

南和男　著『幕末江戸社会の研究』一九七八年　吉川弘文館

鈴木理生　著『江戸の川・東京の川』一九七八年　日本放送出版
　　協会

吉原健一郎　著『江戸の情報屋』一九七八年　日本放送出版協会

林屋辰三郎　編『幕末文化の研究』一九七八年　岩波書店

林屋辰三郎　編『文明開化の研究』一九七九年　岩波書店

松崎利雄　著『江戸時代の測量術』一九七九年　総合科学出版

川添登　著『東京の原風景』一九七九年　日本放送出版協会

小木新造　著『東京庶民生活史研究』一九七九年　日本放送出版
　　協会

暉峻康隆　著『好色者の世界（上）（下）』一九七九年　日本放
　　送出版協会

鈴木敏夫　著『江戸の本屋』一九八〇年　中央公論社

芳賀登 著『大江戸の成立』一九八〇年　吉川弘文館

西山松之助 著『江戸ッ子』一九八〇年　吉川弘文館

諏訪春雄 著『江戸っ子の美学』一九八〇年　日本書籍

南和男 著『維新前夜の江戸庶民』一九八〇年　教育社

平井聖 著『図説日本住宅の歴史』一九八〇年　学芸出版社

小木新造 著『東京時代』一九八〇年　日本放送出版協会

服部幸雄 著『江戸歌舞伎論』一九八〇年　法政大学出版司

西山松之助 著『大江戸の文化』一九八一年　日本放送出版協会

高橋洋二 編　別冊太陽『江戸の粋』一九八一年　平凡社

陣内透信、板倉文雄 等著『東京の町を読む』一九八一年　相模
　　書房

原田伴彦、芳賀登、森谷尅久、熊倉功夫 著『図録都市生活史事
　　典』一九八一年　柏書房

玉井達郎 編著『浮世絵と町人』一九八二年　講談社

伊藤好一 著『江戸の夢の島』一九八二年　吉川弘文館

　　除此以外，东京都、府各区分别编撰各自的历史资料。

后　记

内藤昌

　　“江户，就是东京的前身。”

　　本书就是围绕这个主题，将江户町形成的历史分为上、下两册来介绍。

　　“建造町”的技术，也就是都市规划的技术，反映出在那里居住的人们孕育出的文化。如今，只要借助可以用来登上月球的最先进的科学技术，人们不仅可以建造超高楼大厦林立的城市，而且可以建造空中城市、地下城市和海底城市这些以前只在科幻小说中才会出现的城市。暂且不谈只去参观一天或两天的情况，人类真的希望长期居住在这种背离大自然的人工都市中吗？最近人们才终于发现，仰赖科技进步而制定的都市规划，并非人类梦想中的理想都市。人类和神明不同，不是必须过“干净”“美丽”“正确”的生活。虽然有点儿“脏”，虽然有点儿“丑”，只要不给别人添麻烦，可以玩一些“坏事”的城市；能让不同的人带着不同的思考自由生活的城市，或许才是人类数千年来所追求的理想城市——乌托邦。

　　运用了日本的科学技术，江户才发展成今天的东京，但与此同时，它并没有失去与大自然之间的协调。虽然有时人们对高科技的骄傲自满让它遭受了地震和大火等都市灾害，饱尝身在地狱的痛苦，但最终因为遵循“の”字形的都市规划原则，江户适应了时代的变化。在适度遵从这个原则的同时，它也适度保持了“暧昧”的自由特质，这使江户能够在超高密度社会中培养出无数天才，培育以歌舞伎、浮世绘为代表的江户文化的原动力。虽然处于封建社会，但江户尊重无名市民的“心灵自由”。都市规划的本质，或许就是要建造一个可以培育“心灵自由”的地方。至少，江户建町的历史不同于欧洲国家或中国，后者的城市常为某一个帝王规划得井然有序。江户这座城市虽然杂乱，却意外地令人感到“住得舒适”。这正是思考日后的东京乃至日本都市营造方法的宝贵参考。

在写作本书的过程中，我得到众多朋友的指导和协助。更有幸当面向造船史专家石井谦治大师和歌舞伎史专家服部幸雄大师请教。同时，拜负责插画的穗积和夫先生的协助以及编辑部平山礼子小姐的热忱所赐，本书才得以完成，在此表示衷心的感谢。

1982 年 10 月

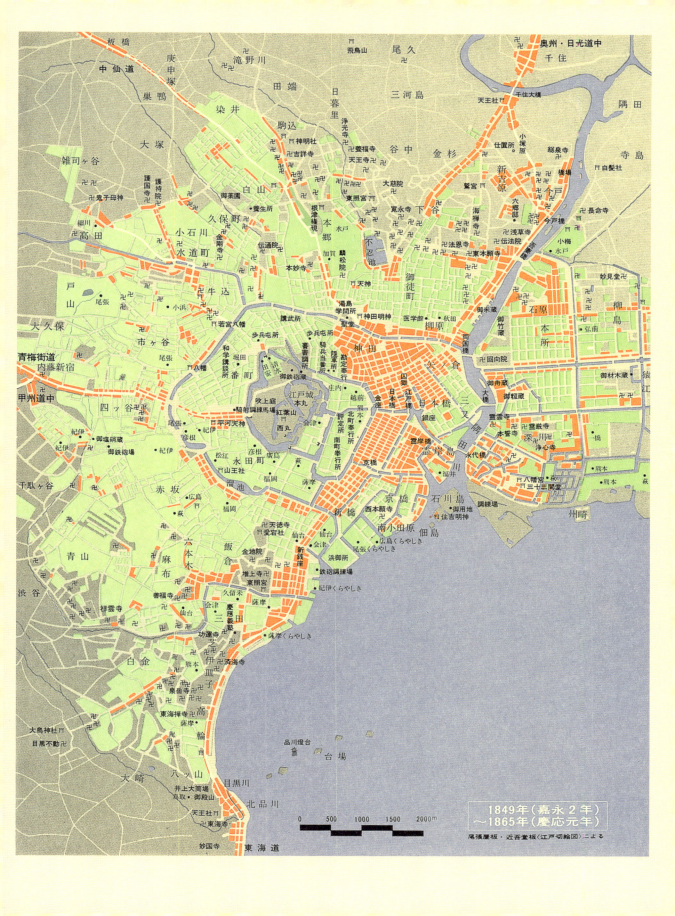